ZOOTECNISTA - JOÃO MARCEL CAMARGO

PUPPY CLASS

B R A S I L

PREPARANDO FILHOTES PARA O MUNDO

O GUIA DEFINITIVO PARA ESTRUTURAR UMA PUPPYCLASS DE SUCESSO

Ícone editora

Design Gráfico

Felipe Schoepe Ramos

Diagramação

3k Comunicação

Revisão

Tânia Lins

CIP-BRASIL. CATALOGAÇÃO NA PUBLICAÇÃO
SINDICATO NACIONAL DOS EDITORES DE LIVROS, RJ

F443p

Ferreira, João Marcel Camargo Candido
Puppyclass Brasil : preparando filhotes para o mundo o guia definitivo para estruturar uma puppyclass de sucesso / João Marcel Camargo Candido Ferreira. - 1. ed. - São Paulo : Ícone, 2023.
180 p. ; 21 cm.

Inclui bibliografia e índice
ISBN 9786586179279

1. Cães - Criação. 2. Cães - Filhotes. 3. Animais de estimação. I. Título.

CDD: 636.707
23-85163 CDU: 636.76

Meri Gleice Rodrigues de Souza - Bibliotecária - CRB-7/6439

17/07/2023 20/07/2023

ÍCONE EDITORA

Rua Javaés, 589 - Bom Retiro

CEP: 01130-010 - São Paulo/SP

Fone/Fax: (11) 3392-7771

www.iconeeditora.com.br

iconevendas@iconeeditora.com.br

Dedicatória

Com imensa gratidão e profundo amor, dedico este livro às pessoas mais importantes da minha vida, com todo o meu coração. Não há palavras suficientes para expressar o quanto sou grato por ter essas pessoas especiais ao meu lado, pois são elas que me impulsionam a buscar o melhor de mim em todas as situações.

Em primeiro lugar, minha amada e incrível mãe, Sueli, é a personificação do apoio incondicional. Desde o início, ela acreditou em mim e em todas as minhas capacidades. Com sua orientação sábia, encorajou-me a seguir meus sonhos e nunca duvidar do meu potencial. A presença dela em minha vida é um verdadeiro presente, e sou eternamente grato por sua dedicação e amor incondicional.

Não posso esquecer de mencionar meus amados irmãos, Glauco e Marília, que são verdadeiros pilares de força e apoio em minha jornada. Atravessamos juntos desafios e compartilhamos conquistas, sempre nos apoiando mutuamente. Sua presença constante em minha vida me dá a segurança de que não estou sozinho, e sou grato por sua lealdade e amor fraterno.

E, por último, mas certamente não menos importante, minha adorável e amada esposa, Mayara. Ela é a luz que ilumina cada momento da minha existência. Com sua bondade, paciência e amor, ela me inspira a ser a melhor versão de mim mesmo todos os dias. Sua presença ao meu lado é um lembrete constante de que tenho uma parceira verdadeiramente excepcional, alguém que acredita em mim quando nem eu mesmo acredito. Sou grato por seu apoio incansável e por ser a pessoa que me motiva a superar obstáculos e perseguir meus sonhos mais audaciosos.

Portanto, dedico este livro a vocês, minha amada mãe, irmãos e esposa, como uma pequena forma de expressar minha gratidão por tudo o que fizeram e continuam fazendo por mim. Seu amor, apoio e presença em minha vida são inestimáveis, e sou verdadeiramente abençoado por tê-los ao meu lado.

Agradecimento

Caros amigos, clientes, parceiros, alunos de mentoria e todos os membros da equipe da Ícone Editora e o Dalton da Pet Games.

É com imensa gratidão e alegria que me dirijo a todos vocês para expressar minha profunda apreciação. A conclusão deste livro, não teria sido possível sem o apoio generoso de cada um de vocês.

Em primeiro lugar, gostaria de estender meu agradecimento especial ao Dalton Ishikawa e à Pet Games. Sua parceria e suporte foram fundamentais para o desenvolvimento e publicação deste livro.

Através desta colaboração, profissionais dedicados terão acesso a conhecimentos essenciais que os capacitarão a proporcionar bases sólidas para uma vida feliz e saudável aos filhotes. Essa conquista não apenas fortalece o mercado, mas também beneficia diretamente a qualidade de vida de inúmeros animais de estimação e suas famílias.

Além disso, gostaria de expressar minha sincera gratidão a todos os meus amigos, clientes, parceiros e alunos de mentoria. Seu apoio contínuo, feedback valioso e encorajamento constante foram a força motriz por trás deste projeto. Cada um de vocês desempenhou um papel crucial, contribuindo para a realização deste livro e ajudando a espalhar a mensagem essencial de cuidado e compreensão em relação aos filhotes.

Por último, mas não menos importante, agradeço a toda a equipe da editora Ícone. Seu profissionalismo, dedicação e expertise no processo de edição, design e publicação foram fundamentais para transformar este livro em uma realidade tangível. Sou imensamente grato por sua colaboração e por tornarem possível a materialização deste trabalho.

Em resumo, minha gratidão transcende as palavras. Cada um de vocês desempenhou um papel vital nessa jornada, e estou profundamente honrado e agradecido por ter tido a oportunidade de trabalhar com pessoas tão talentosas e comprometidas.

Que este livro seja uma fonte de conhecimento e inspiração para todos aqueles que o lerem, ajudando a criar um mundo onde os filhotes possam crescer de forma saudável, feliz e cercados por amor e cuidado.

Mais uma vez, meu sincero agradecimento a todos vocês.

Prefácio

Inicialmente, gostaria de agradecer ao João Marcel pelo convite feito a mim, pela grande responsabilidade em escrever o prefácio deste importante livro. Espero poder contribuir para reflexões importantes na relação humano, cão e sociedade.

A evolução e a domesticação dos cães com o ser humano foram e continuam sendo um processo único e objeto de estudos e pesquisas contínuas.

Diferente de outras espécies domesticadas para o abate e a sobrevivência, os cães não foram forçados a estarem do nosso lado. A sincronização de comportamentos conosco, quando éramos caçadores-coletores antes do desenvolvimento da civilização, facilitou essa interação social.

Os benefícios mútuos dessa relação interespecífica permitiram a sobrevivência de ambas as espécies e perduram até hoje. Abordo em minhas aulas que os cães para os humanos das cavernas foram uma excelente "tecnologia" – melhor audição, olfato, capacidade de caçar e alertar sobre possíveis predadores com antecedência. Essas habilidades foram aspectos que contribuíram para a sobrevivência e adaptação da nossa espécie. Esse sucesso adaptativo é tão grande que nunca na história da humanidade se amou e estudou tanto sobre comportamento canino como hoje, onde também eles alcançaram o status de um dos animais preferidos da humanidade, com o troféu de melhor amigo do humano.

O altruísmo por reciprocidade interespecífico, com custo energético de níveis toleráveis, foi a base para o desenvolvimento dessa conexão; e pensar nessa relação nos dias atuais sem trazer a importância para o olhar das primeiras fases do desenvolvimento deles se mostra um erro do ponto de vista da aprendizagem, do estabelecimento de vínculo, da formação do caráter e da saúde e do bem-estar animal dos cães como um todo.

Daí a importância deste livro ao trazer esse tema à tona, no qual os leitores poderão entender que aulas para filhotes não se resumem a ensinar aspectos que sejam apenas convenientes aos humanos, mas principalmente importantes para os cães, trazendo inúmeros benefícios que vão desde do manuseio na gestação, no nascimento e toda a fase de desenvolvimento e seus momentos importantes.

A saúde e a prevenção de problemas na relação humano-cão começam principalmente nessa fase, com os cuidados sendo mantidos durante toda a vida dos cães.

A importância da integração das áreas de saber não deve ser alienante, mas sim complementar. Por isso, a intersecção com criadores, adestradores, comportamentalistas caninos, veterinários e veterinários comportamentais se faz urgente na atual sociedade, como também o conhecimento de todas as áreas do saber que envolvem o comportamento canino sem um viés ideológico.

E, se há dúvidas com relação ao momento correto que se deve iniciar o adestramento de um cachorro, então, lhes convido à leitura deste livro.

Desejo que vocês tenham uma excelente leitura!

Ivan Chitolina - CRP: 06/185092

Psicólogo e adestrador de cães

Sumário

Introdução

Os animais de companhia tornaram-se uma presença indispensável nas casas modernas, com muitas famílias optando por cães e gatos como membros fiéis. Além de trazer alegria e companhia, esses animais também são conhecidos por proporcionar benefícios significativos à saúde de seus tutores, como a redução do estresse e da pressão arterial. No entanto, a posse de animais de companhia pode ser desafiadora, especialmente quando se trata de comportamento. Muitos cães apresentam comportamentos problemáticos que podem levar a dificuldades de relacionamento entre o animal e o tutor. Para lidar com esses desafios, as *puppy classes* têm se tornado cada vez mais importantes e populares na medicina veterinária.

Neste livro, será abordada a importância da sociabilização de filhotes de cães, mostrando como isso pode prevenir problemas comportamentais e garantir que o animal tenha uma vida saudável e feliz ao lado de seus tutores. Dados recentes de diversos pesquisadores comprovam a eficácia das *puppy classes* para tornar esses filhotes de cães equilibrados, sociáveis e educados, diminuindo significativamente a probabilidade de desenvolverem problemas comportamentais no futuro como ansiedade, medo e agressividade.

O artigo "Importance of puppy training for future behavior of the dog", de Ai Kutsumi e colaboradores, uma das referências utilizadas neste livro, compara os efeitos comportamentais da socialização de filhotes e das aulas de treinamento de comandos em cães. Foram avaliados quatro diferentes tipos de experiência de aula de treinamento: puppy class; puppy party; adult class; e não classe. Os resultados mostraram que a participação nas *puppy classes* contribui para melhorar a resposta positiva do cão a estranhos e aos comandos, prevenindo ou modificando problemas de desobediência.

Com base nesses estudos, este livro ensina aos profissionais como estruturar uma *puppy class* de sucesso e tornar-se referência em sociabilização e treinamento de filhotes. Além disso, mostra como a detecção precoce de comportamentos problemáticos pode ser realizada com o uso do C-BARQ, permitindo que tutores de cães e terapeutas profissionais de comportamento canino iniciem programas de modificação de comportamento antes que o problema se torne crítico.

Em suma, este livro oferece informações valiosas sobre a importância da sociabilização de filhotes e as *puppy classes*, destacando sua eficácia em prevenir problemas comportamentais e garantir uma vida saudável e feliz para cães e seus tutores.

Metodologia

O livro foi dividido em três partes fundamentais para que você entre de mente, corpo e alma no mundo dos filhotes e possa ajudar nesta missão de prepará-los para o mundo.

No Capítulo 1, você descobrirá como os cães passaram de animais selvagens para de estimação e companheiros em nossas casas.

No Capítulo 2, é apresentado um resumo bibliográfico sobre o que a ciência nos mostra em relação à sociabilização de filhotes, abordando temas como vacinas, períodos de desenvolvimento canino e período de sociabilização; além de primeiro e segundo períodos do medo.

No Capítulo 3, destaca-se a importância da sociabilização de filhotes e seus benefícios para o comportamento dos cães. Também são discutidas as consequências da não sociabilização de filhotes e os impactos da pandemia na socialização deles. Além disso, são abordados tópicos como nutrição e manejo alimentar do filhote; preparação da casa para recebê-lo; importância do quarto do filhote; e necessidades de bem-estar dos cães para que você possa criar um filhote feliz e equilibrado. No item 3.9, você aprenderá sobre os estados emocionais e como os cães se comunicam, para ajudá-lo a entender melhor seu filhote.

Por fim, no Capítulo 4, discute-se como a genética pode influenciar o comportamento do cão e afetar sua sociabilização. Com esse conhecimento, você poderá entender melhor o comportamento do seu filhote e ajudá-lo a se tornar um cão equilibrado e sociável.

A segunda parte começa explorando a história das *puppy classes.*

No Capítulo 5, há uma perspectiva sobre como essa estratégia de sociabilização de filhotes evoluiu ao longo do tempo.

No Capítulo 6, é abordado o conceito de *puppy class* e seus objetivos, explicando por que essa temática é tão importante para o desenvolvimento de filhotes saudáveis e felizes.

O Capítulo 7 é dedicado ao papel dos criadores na sociabilização de filhotes, destacando estratégias para aumentar o valor agregado dos filhotes do seu canil. A seção 7.1 detalha a importância da estimulação neurológica precoce e como essa técnica pode ser utilizada pelos criadores para melhorar o desenvolvimento dos filhotes.

No Capítulo 8, é discutido o papel dos médicos-veterinários na sociabilização de filhotes. A seção 8.1 fornece dicas sobre como tornar a consulta do filhote mais agradável e menos estressante. A seção 8.2 apresenta a *puppy class* como uma estratégia inovadora para agregar valor à clínica veterinária e diferenciar-se da concorrência. São apresentadas estratégias para o médico-veterinário divulgar e vender *puppy classes.*

O Capítulo 9 aborda o papel dos profissionais do comportamento canino na sociabilização de filhotes. A seção 9.1 destaca como a *puppy class* pode ser a chave para o profissional se tornar uma referência em treinamento de filhotes e impulsionar sua carreira como adestrador. São apresentadas dicas sobre como vender *puppy classes*, sem ter um espaço próprio.

No Capítulo 10, é discutido o papel dos tutores na sociabilização de filhotes, enfatizando a importância de sua participação no processo.

Por fim, o Capítulo 11 apresenta seis passos para socializar o filhote e prepará-lo para o mundo. A seção 11.1 inclui um *checklist* de sociabilização de filhotes, fornecendo um guia prático para os tutores que desejam implementar as estratégias discutidas no livro.

No Capítulo 12, você aprenderá os 10 passos para estruturar uma *puppy class* de sucesso do zero – desde o planejamento até a definição dos objetivos da atividade, passando pela seleção da equipe, estruturação do espaço, definição dos materiais, equipamentos necessários e divulgação.

No Capítulo 13, apresentamos um plano de aula da sua *puppy class*, mostrando como estruturá-la e organizá-la de forma eficaz. Você aprenderá sobre a importância de dividir as aulas em temas específicos, planejar atividades de socialização e brincadeiras, definir o número de filhotes por turma, selecionar os exercícios adequados para cada idade e habilidades dos filhotes e avaliar o progresso deles ao longo do curso.

E, por fim, o Capítulo 14, no qual explorei em detalhes sobre como investimentos, despesas e estratégias de marketing influenciaram o sucesso e o retorno financeiro da minha *puppy class* em Bragança Paulista-SP.

Com essas informações valiosas, você estará pronto para criar uma *puppy class* de sucesso e se tornar uma referência na sociabilização de filhotes.

PARTE 1

APROFUNDANDO SEU CONHECIMENTO SOBRE CÃES

Capítulo 1.

Como os cães saíram do meio selvagem e foram parar em cima de nossas camas

A relação entre humanos e cães é uma das mais próximas e visíveis em nossa sociedade urbana atual. Como observado por Fernworn (2009), Haubenhofer (2009), Helton (2009) e Sachs-Ericsson e Merbitz (2009), os cães desempenham uma variedade de funções na sociedade, incluindo a detecção de narcóticos e explosivos (GOLDBLATT, GAZIT & TERKEL, 2009; JEZIERSKI *et al.*, 2014), auxílio a pessoas com deficiência visual e auditiva, identificação de sinais de epilepsia (CATALA *et al.*, 2019), pastoreio, resgate, terapia e companhia em asilos. Além disso, Kotrschal (2018) destaca que os cães são catalisadores sociais, estimulando a comunicação e o contato entre as pessoas.

A questão é sobre como essa relação entre humanos e cães é ainda debatida pela comunidade científica. De acordo com Frantz *et al.* (2016), estudos genômicos e arqueológicos sugerem que o processo de domesticação ocorreu de maneira independente na parte oriental e ocidental da Eurásia, a partir de populações distintas de ancestrais canídeos, há cerca de quinze mil anos. Galibert, Quignon, Hitte e André (2011) e outros pesquisadores também sustentam que o cão foi o primeiro animal a ser domesticado.

Coppinger e Coppinger (2001) afirmam que humanos e cães formaram uma associação benéfica para ambas as espécies. No entanto, essa relação levanta várias questões sobre comunicação.

Como os cães interpretam nossos sinais? Como a proximidade com os humanos influenciou as habilidades comunicativas dos cães? Essas são algumas das questões que surgem devido à estreita convivência entre humanos e cães ao longo do tempo.

Ao conviver diariamente com humanos desde o início da domesticação, os cães observam e aprendem sobre as pessoas com quem vivem. Eles observam como seus tutores conversam, como se alimentam, se comunicam e se movem no ambiente. Por causa disso, estudos etológicos sobre cães tornam-se relevantes, considerando a natureza interacionista dessa relação de apego e cooperação duradoura (FERNWORN, 2009; HAUBENHOFER, 2009; HELTON, 2009; SACHS-ERICSSON & MERBITZ, 2009).

De acordo com Andics *et al.* (2016), os cães são capazes de processar informações emocionais de voz e rosto humano de forma semelhante aos humanos, demonstrando uma compreensão básica da linguagem emocional humana. Além disso, cães também são capazes de reconhecer emoções em outros cães, como demonstrado por Siniscalchi *et al.* (2018), que encontraram evidências de que cães são capazes de identificar expressões faciais de outros cães, especialmente quando se trata de emoções negativas como medo ou agressão.

Todas essas habilidades cognitivas e comunicativas desenvolvidas pelos cães são fundamentais para o sucesso da interação humano-cão, bem como para o papel que eles desempenham em diversas áreas da sociedade. Além disso, é importante ressaltar que a interação com os cães também pode ser benéfica para os humanos em termos de saúde e bem-estar, como demonstrado pelo estudo de Wells (2009), que encontrou evidências de que essa relação pode reduzir a pressão arterial e o estresse em humanos.

O antropomorfismo é uma tendência do homem de atribuir características humanas a seres ou objetos não humanos, como animais de estimação. Embora seja comum antropomorfizar os cães, é importante lembrar que eles têm suas próprias características e comportamentos únicos, que são diferentes dos seres humanos.

No entanto, é válido reconhecer que a convivência entre humanos e cães é uma relação simbiótica, ou seja, ambas as espécies se beneficiam. Os cães foram domesticados há milhares de anos e se adaptaram à convivência com os humanos, ajudando na caça, no pastoreio, na guarda, entre outras atividades. Em troca, receberam abrigo, alimento e proteção.

Hoje em dia, os cães são vistos não apenas como companheiros, mas também como animais de trabalho, de terapia e de serviço. Eles podem ajudar na detecção de drogas; na busca e no salvamento de pessoas; na terapia de crianças e idosos; e no auxílio a pessoas com deficiência física ou intelectual.

É importante lembrar que, apesar de termos um relacionamento próximo e afetivo com nossos cães, eles ainda são animais com necessidades próprias e comportamentos naturais. Por isso, é fundamental oferecer-lhes cuidados adequados, como alimentação saudável, exercícios físicos regulares, cuidados veterinários e estimulação mental para garantir seu bem-estar e sua qualidade de vida.

Outra característica que pesquisadores levantaram para o sucesso dos cães no processo da domesticação foi a neotenia.

De acordo com Goodwin (1997), a neotenia é uma forma de pedomorfose que se caracteriza pela manutenção de traços juvenis na morfologia do animal adulto. Esse processo pode ser dividido em três categorias: neotenia, que consiste em uma redução na taxa de mudanças durante o desenvolvimento, resultando em menos estágios de crescimento e uma aparência mais juvenil em relação aos ancestrais; deslocamento, que implica em um início tardio do desenvolvimento; e progênese, que corresponde a um término precoce do desenvolvimento.

No século XIX, Darwin (2010) já havia identificado a presença de características neotênicas em animais domésticos, que foram posteriormente denominados como fenótipos da domesticação. Em sua obra "A Origem das Espécies", no capítulo I - Variação sob domesticação, ele exemplifica esse fenômeno ao mencionar que os animais domésticos possuem orelhas mais caídas que seus congêneres selvagens, possivelmente devido ao desuso dos músculos das orelhas em razão do estado de alerta inferior. Jensen (2006 apud CRUZ, 1999, p. 12) destaca que os fenótipos domésticos de diferentes espécies costumam apresentar variações em relação aos ancestrais selvagens. Entre as características mais comuns estão uma pelagem de cor diferente, possivelmente branca ou malhada, uma cabeça mais curta e achatada (braquiocefalia), um crescimento anômalo dos ossos (condrodistrofia), um cérebro de dimensões reduzidas e um desenvolvimento mais rápido e flexível, além de uma maior capacidade reprodutiva. Esses traços complexos sugerem que a neotenia pode representar um padrão adaptativo geral ao cativeiro e à domesticação em diferentes espécies animais.

De acordo com Lark (2011), existe um consenso de que os animais domesticados compartilham um conjunto de características neotênicas. Eles tendem a ser menores, com orelhas caídas e cauda enrolada, além de apresentar pelagem malhada em contraste com seus antepassados selvagens de pelagem monocromática. Esses fenótipos são observados em diferentes graus em várias espécies, como cães, porcos, vacas e até em algumas espécies não mamíferas, como as galinhas e os peixes. Essas características juvenis podem ser atraentes para os seres humanos.

De acordo com Vieira *et al.* (2007), há evidências de que as características neotênicas comuns em filhotes, como cabeça arredondada, olhos amendoados, fronte abobadada, focinho menor, maxila e mandíbula recuadas, desempenham um papel fundamental na evocação de sentimentos de ternura e proteção em adultos. Essas características neotênicas são uma maneira pela qual a natureza garante que os progenitores permaneçam próximos aos filhotes, atraídos por um forte instinto de cuidar e protegê-los sempre que necessário. A interação particular entre mãe e filhote, influenciada por essas características, pode ter dado origem às primeiras interações "afetivas" entre organismos. Essas mesmas características neotênicas, agradáveis aos olhos humanos, podem ter influenciado a seleção de morfologias específicas em cães primitivos pelos humanos.

Conforme apontado por Denis (2007), a intervenção humana por meio da seleção artificial é responsável pela grande diversidade de variações morfológicas presentes nas diferentes raças de cães domésticos que observamos atualmente. Essas variações morfológicas correspondem a usos bastante diversificados dos cães. Em termos gerais, a diversidade morfológica entre as raças caninas é explicada pela genética quantitativa, ou seja, uma variação contínua que é influenciada principalmente pela ação de poligenes. Essa influência é a principal responsável pela seleção e consequente diversidade morfológica nos cães.

Em resumo, a interação humano-cão é uma relação complexa e multifacetada, que se desenvolveu ao longo de milhares de anos de convivência. Os cães adquiriram habilidades cognitivas e comunicativas altamente desenvolvidas para interpretar o comportamento humano e interagir conosco de forma eficaz. Essa relação traz benefícios para ambas as espécies e continua a ser objeto de estudo e fascínio para pesquisadores em todo o mundo.

Capítulo 2.

Resumo Bibliográfico - O que a ciência nos mostra sobre a sociabilização de filhotes

Um dos primeiros estudos referentes à sociabilização de filhotes de cães foi realizado por Scott e Marston (1950), que observaram o desenvolvimento do comportamento de filhotes desde o nascimento até a 16ª semana, incluindo um regime de testes em cinco semanas com manuseio geral. Os filhotes eram tímidos na presença de pesquisadores, mas, após o manuseio, tornaram-se menos tímidos e experimentaram redução do estresse fisiológico, com uma diminuição na frequência cardíaca. No entanto, não foi possível determinar os limites do período de socialização, pois todos os filhotes foram manuseados na mesma idade.

Pfaffenberger e Scott (1959) examinaram o comportamento do cão-guia, medindo o sucesso do treinamento como resultado. Eles investigaram se o tempo adicional em canis antes do realojamento afetava o sucesso do treinamento. Descobriram que os cães realocados antes das 12 semanas tiveram maior sucesso no treinamento (cerca de 90%) em comparação aos cães realocados após as 12 semanas ou aqueles retidos no canil por mais de duas semanas. Esse estudo forneceu uma das primeiras indicações de que o momento das primeiras experiências pode influenciar o comportamento futuro do cão-guia, especialmente em relação à capacidade de lidar com novidades e distrações.

O estudo de Freedman, King e Elliot (1961) procurou identificar os limites superiores e inferiores do período de socialização em cães. Os pesquisadores investigaram a idade em que a exposição aos humanos reduziria de forma mais eficaz a resposta de abstinência que os filhotes exibem às 14 semanas. Para isso, retiraram filhotes de ninhadas individuais do "campo" por uma semana de socialização em diferentes idades e compararam com um grupo controle que permaneceu no campo até o teste final. Os resultados indicaram que a melhor idade para a socialização de cães com humanos é a de nove semanas, pois filhotes socializados nessa fase mostraram mais atração pelo manipulador humano em um teste de manuseio entre 14 e 16 semanas.

No entanto, deve-se notar que o grupo de filhotes retirados do campo às nove semanas continha apenas três indivíduos, o que limita o poder das conclusões. Apesar disso, o estudo é frequentemente citado como definitivo na identificação do momento correto para a introdução da presença humana entre cães, fornecendo importantes *insights* sobre a importância da socialização em uma idade precoce para estabelecer relações normais entre cães e seres humanos.

Dois estudos foram realizados por Fuller (1967) e Wolfe (1990), que questionaram quanta socialização um filhote realmente precisa. O estudo de Wolfe descreveu um programa que alcançou "socialização adequada" de beagles de laboratório com menos de cinco minutos de contato social humano por semana. No entanto, ambos os estudos foram baseados em animais em condições de laboratório e apenas exploraram a socialização para os seres humanos, em vez da socialização geral para estímulos não sociais. Além disso, os níveis adequados de socialização foram medidos apenas a partir da reação dos cães a um experimentador humano, em um ambiente muito controlado. Portanto, pode não ser representativo com relação à socialização apropriada e necessária para produzir um cão que possa lidar com situações novas e potencialmente estressantes. Apesar dos protocolos de socialização baseados nesta pesquisa inicial, os níveis mínimos de socialização necessários para produzir cães bem ajustados ainda não foram investigados de forma robusta.

O estudo de Fox e Stelzner (1966) validou as descobertas anteriores de Scott e Fuller sobre os efeitos do período de socialização no comportamento. Os filhotes foram expostos a diferentes interações de luz, som e coespecíficos desde o nascimento até as cinco semanas. Em seguida, eles foram observados em uma arena com estímulos variados e submetidos a testes de aproximação humana e uma tarefa de desvio. Os filhotes manuseados apresentaram comportamento mais hiperativo, exploratório e sociável em relação aos seres humanos, além de serem mais dominantes no jogo social com seus companheiros de ninhada e terem melhor desempenho na tarefa de desvio. A frequência cardíaca dos filhotes manuseados também foi significativamente maior do que a dos animais controle, o que indica a importância das experiências durante esse período sensível.

Morrow *et al.* (2015) descobriram que os filhotes de cavalier king charles spaniel tiveram um início significativamente atrasado do período de socialização precoce em comparação com os filhotes de yorkshire terrier e de pastor-alemão. O momento exato do período de socialização em todas as raças não foi sistematicamente testado. Por conseguinte, para além do calendário, o conteúdo da socialização e o seu efeito no comportamento futuro devem ser um dos principais pontos de foco.

De acordo com McEvoy e colaboradores (2022), esses estudos clássicos identificaram a existência e os limites do período de socialização pelo menos em algumas raças. Os programas modernos de socialização são amplamente baseados na pesquisa de Scott e Fuller na década de 1950. Esses estudos destacaram a importância de práticas de socialização adequadas à idade, com duas regras principais sugeridas para produzir um "cão bem equilibrado e bem ajustado".

Essas regras afirmam que 1) o tempo ideal para o realojamento é de seis a oito semanas; e 2) os cães jovens devem ser introduzidos às circunstâncias em que viverão como adultos antes dos três a quatro meses de idade. Embora essas sejam boas regras de socialização a serem seguidas, o momento e o conteúdo de um bom protocolo de socialização ainda estão em debate, já que os estudos de Scott e Fuller, como grande parte da pesquisa original, são baseados em experimentos de isolamento. Isso significa que seu valor ao nos dizer o que é necessário para o desenvolvimento normal é limitado, pois não podemos distinguir o trauma causado pelo isolamento dos efeitos positivos da exposição humana.

Isso significa que, para os filhotes que desenvolveram problemas comportamentais, as conclusões sobre os horários corretos da exposição humana não podem explicar definitivamente o desenvolvimento desses comportamentos, pois poderiam ser causados pelo trauma do isolamento. Estudos futuros devem priorizar questões de desenvolvimento mais amplas relativas ao período de socialização em vez de se concentrar no "período crítico" concluído nesses estudos.

As aulas são uma ferramenta valiosa para introduzir os filhotes, juntamente com seus novos tutores, em uma ampla variedade de estímulos durante seu período sensível de socialização. Durante esse estágio, que ocorre entre as três e doze semanas de idade, os filhotes são particularmente receptivos a novas experiências e têm uma maior capacidade de aprendizado e adaptação.

As aulas de filhotes foram desenvolvidas para garantir que eles sejam expostos a uma ampla variedade de estímulos — que incluem cheiros, visões, superfícies de caminhada, itens, pessoas desconhecidas e outros cães — de forma segura e positiva.

Embora haja algumas evidências de que as aulas de filhotes podem ter um efeito positivo no comportamento dos cães adultos, outros estudos não mostram nenhum benefício claro. Alguns autores até se opõem à socialização antes das 16 semanas, devido ao risco de contrair doenças infecciosas, como o vírus da parvovirose.

No entanto, estudos mostram que filhotes vacinados que frequentam aulas de socialização não estão em maior risco de infecção por parvovírus canino do que aqueles que não comparecem a elas.

2.1 - Vacinas e período de sociabilização

A socialização é um período crucial na vida de um filhote, já que é durante essa fase que ele aprende a interagir com outros cães e com as pessoas. No entanto, muitos tutores de filhotes acabam ficando preocupados com a possibilidade de seus animais de estimação contraírem doenças durante esse período.

Um dos principais medos é em relação à parvovirose e a cinomose, doenças que podem ser fatais para os cães, especialmente os filhotes. Por conta disso, muitos médicos-veterinários recomendam que os tutores evitem sair de casa com os filhotes antes que eles completem o ciclo de vacinação.

No entanto, um estudo recente nos EUA mostrou que há um risco mínimo de infecção por CPV-2 entre os filhotes vacinados que participam das aulas de socialização Stepita et al. (2013),ou seja, a vacinação é uma medida eficaz para proteger o filhote contra a parvovirose e a cinomose, e não é preciso evitar completamente as atividades de socialização durante o período de sociabilização. Ou seja, a vacinação é uma medida eficaz para proteger o filhote contra a parvovirose e a cinomose, e não é preciso evitar completamente as atividades de socialização durante o período de sociabilização.

No entanto, é importante lembrar que existem outros riscos para a saúde do filhote durante esse período, especialmente em relação a doenças transmitidas por contato direto com outros animais. Por isso, é importante seguir um protocolo sanitário adequado, que inclui a vacinação completa antes de sair com o filhote, evitar contato com cães desconhecidos ou doentes, evitar locais muito movimentados e higienizar as patas do filhote após passeios.

Em resumo, a vacinação é uma medida eficaz para proteger o filhote contra doenças como parvovirose e cinomose, e não é preciso evitar completamente as atividades de socialização durante o período de sociabilização. No entanto, é importante seguir um protocolo sanitário adequado para garantir a saúde do filhote.

2.2 - Períodos do desenvolvimento canino

O desenvolvimento de filhotes de cães é um processo complexo e fascinante que envolve várias fases importantes. Desde a fase pré-natal/fetal até a idade adulta, cada etapa é crucial para garantir que o cão se torne um animal saudável e feliz.

Pesquisadores renomados, como Roger Mugford (1990), Serpell e Jagoe (1995) e Andrew Luescher (2011), já incluem a fase pré-natal/fetal como parte integrante deste processo. Durante essa fase, o embrião se desenvolve rapidamente dentro do útero da mãe, recebendo nutrientes e oxigênio através da placenta.

Após o nascimento, o filhote passa pela fase neonatal, que dura até as duas primeiras semanas de vida. Durante esse período, o filhote é totalmente dependente da mãe para alimentação, higiene e regulação da temperatura corporal.

A fase de transição começa por volta das duas semanas de idade e dura até as quatro semanas. Durante esse período, o filhote começa a explorar o ambiente ao seu redor e a se socializar com seus irmãos e com a mãe.

A fase de socialização começa por volta das quatro semanas e dura até as 12 semanas de idade. Durante esse período, o filhote aprende a interagir com outros cães e com humanos, a reconhecer sons e a se adaptar a diferentes situações. Essa fase é extremamente importante, pois ajuda a garantir que o cão se torne um animal sociável e confiante.

A fase juvenil começa por volta das 12 semanas de idade e dura até a puberdade, que varia de acordo com a raça do cão. Durante esse período, o filhote passa por uma série de mudanças físicas e comportamentais, incluindo o crescimento dos dentes permanentes, o desenvolvimento de habilidades motoras e a formação da personalidade.

Por fim, a fase adulta começa após a puberdade e dura até a velhice. Durante essa fase, o cão atinge a maturidade física e comportamental, mas ainda pode aprender novas habilidades e novos comportamentos.

O desenvolvimento de filhotes de cães é um processo que exige cuidados especiais em cada uma dessas fases. Conhecer as necessidades de cada fase e adotar as melhores práticas de manejo são atitudes fundamentais para garantir que o cão se torne um animal saudável e feliz.

Na fase pré-natal/fetal, é importante que a mãe receba uma alimentação equilibrada e adequada, além de acompanhamento veterinário regular. Durante essa etapa, é recomendado evitar situações estressantes para a mãe, como mudanças de ambiente ou condições que possam afetar negativamente a saúde dela.

Na fase neonatal, o filhote deve permanecer ao lado da mãe, que será responsável pela alimentação, higiene e regulação da temperatura corporal. É importante garantir que o ambiente seja tranquilo, limpo e livre de correntes de ar. Também é recomendado que os filhotes recebam visitas regulares do veterinário para avaliação do seu desenvolvimento. Nessa fase podemos aplicar a estimulação neurológica precoce, que abordaremos mais adiante.

Durante a fase de transição, os filhotes começam a explorar o entorno e a se socializar com seus irmãos e com a mãe. É importante proporcionar um ambiente seguro e estimulante para que eles possam aprender e desenvolver habilidades motoras. Nessa fase, também é recomendado começar a introduzir alimentos sólidos na dieta dos filhotes. O criador tem papel fundamental nessa etapa.

Na fase de socialização, os filhotes precisam ser expostos a diferentes estímulos e situações para que possam aprender a lidar com o mundo ao seu redor. É importante que o ambiente seja seguro e que as experiências sejam positivas, para que o cão possa desenvolver confiança e sociabilidade. Além disso, é fundamental que os filhotes recebam treinamento básico de obediência e comportamento. Criadores, médicos-veterinários, adestradores e tutores têm sua importância nesse processo. Iremos abordar como cada um pode contribuir para a formação do filhote.

Na fase juvenil, é importante continuar com o treinamento e a socialização, além de garantir uma dieta equilibrada e exercícios adequados. Também é recomendado que os filhotes passem por avaliações veterinárias regulares para prevenção de doenças e para garantir que estejam crescendo de forma saudável.

Por fim, na fase adulta, é importante manter uma rotina adequada de exercícios e uma dieta balanceada. Além disso, é fundamental garantir que o cão receba acompanhamento veterinário regular e continue recebendo treinamento adequado para manter sua saúde física e mental.

Em resumo, o manejo adequado em todas as fases do desenvolvimento de filhotes de cães é essencial para garantir que eles se tornem animais saudáveis e felizes. É importante que os tutores estejam cientes das necessidades específicas de cada fase e adotem as melhores práticas de manejo para promover um desenvolvimento saudável e equilibrado.

2.3 Período de Sociabilização

O período de sociabilização se localiza entre as 3 e as 10-12 semanas de idade (KIM *et al.*, 2010). A mãe começa a passar períodos mais prolongados fora do ninho, aumentando-os progressivamente até culminar na proibição da aproximação dos cachorros, o que coincide com o desmame (PAGEAT, 2000). Este processo ocorre por volta das oito semanas de idade (KUSTRITZ, 2011), altura em que a mãe se afasta ou rosna quando os cachorros tentam mamar: estes depressa aprendem a afastar-se (SCOTT e FULLER, 1965). De fato, parece que o cachorro passa de um apego exclusivo à mãe para um apego ao grupo social, o que encontra suporte no comportamento próprio de viver em matilha (PAGEAT, 2000). Por volta das três semanas e meia, a ninhada já interage de uma forma lúdica. Esse acontecimento rapidamente progride para brincadeiras de luta, movimentos da cabeça, rosnar (BEAVER, 1995), ladrar e inibição da mordida, sendo que os animais passam a exibir sinais sociais, como levantar os membros anteriores para brincar e abanar a cauda (SEKSEL, 2008). Por volta das quatro semanas, os cachorros carregam objetos na boca, guardam as suas posses e iniciam as atividades de grupo coordenadas, isto é se um cachorro vir algo que lhe desperta curiosidade, vai explorar e é logo seguido pelos outros cachorros da ninhada. O comportamento de monta e movimentos pélvicos fazem parte das brincadeiras, bem como a perseguição a insetos ou outros animais de pequeno porte. Esses hábitos serão associados no futuro ao comportamento sexual e ao de caça do cão adulto, respectivamente (BEAVER, 1995). Em suma, o aspecto lúdico para o cachorro manifesta-se totalmente durante essa fase, o que parece desempenhar um papel importante no desenvolvimento do cão e na formação de laços sociais com os seus congêneres e seres humanos (SEKSEL, 2008). Isto definirá as suas futuras capacidades para formar parcerias sociais (STEPITA *et al.*, 2013). Destaca-se como o principal evento deste período a aprendizagem sobre o reconhecimento e a aceitação das várias espécies que envolvem o cachorro e o futuro cão adulto (BEAVER, 1995). É nessa fase que devemos aplicar as *puppy classes.*

2.4 Primeiro período do medo – oito a 11 semanas

A fase do medo se sobrepõe um pouco à fase da socialização. Quando os filhotes são enviados para suas novas casas, por volta de oito semanas, irão passar pela primeira fase do medo, que acontece entre oito e 11 semanas. Durante esse tempo, os filhotes podem ficar amedrontados e não devem ser expostos a situações que possam assustá-los como, por exemplo, serem enviados a uma viagem para outro lado do mundo ou passar por cirurgias eletivas. Com uma exposição gentil, cuidando para não os estimular demasiadamente, os filhotes podem continuar a ser socializados com sucesso. Evite locais frequentados por cães de rua ou não vacinados, pois nesse estágio o seu filhote é vulnerável a doenças infecciosas potencialmente fatais.

2.5 Segundo período do medo – seis a 14 meses

Este período do medo coincide com o meio da fase adolescente e geralmente tem um impacto maior que o primeiro período. Os cães neste momento já são bem grandes e seus comportamentos de medo podem parecer mais preocupantes. Cães afetados podem ficar relutantes em experimentar novos estímulos ou podem se preocupar com alguns já familiares. Esses cães podem ser auxiliados não os forçando a enfrentar os seus próprios medos até que estejam prontos para isso. Dessensibilização e condicionamento irão ajudá-los.

Mesmo que todos os cães passem por estágios de desenvolvimento, é importante notar que essas etapas tendem a variar um pouco de um filhote para outro e nem todos irão exibir as mudanças de comportamento citadas acima. Assim como pessoas, os cães também são seres únicos e não existem regras escritas em pedra. De forma independente, todos os cães parecem passar pela irresistível infância, a desafiadora adolescência e a fase adulta, a mais suave, seguida pelos anos mais calmos da senioridade.

Capítulo 3.

A importância da sociabilização de filhotes

A sociabilização de filhotes é uma parte essencial do desenvolvimento do seu cachorro. Suas pequenas mentes estão absorvendo informações e formando comportamentos que permanecerão com eles pelo resto de suas vidas.

Costumo dizer que esse período é onde vamos preparar o filhote para o mundo; e não à toa este livro aborda o tema.

É a época de rápido desenvolvimento dos padrões comportamentais, ou seja, o que acontece com o filhote nesse período influenciará diretamente nos padrões comportamentais quando adulto.

Portanto, esse período é fundamental para o desenvolvimento de um cão equilibrado e para prevenirmos desvios comportamentais como medo, ansiedade, agressividade, entre outros.

A socialização com outros cães, com humanos e outras espécies, além da adaptação a barulhos, odores, visões e experiências, é uma das coisas mais importantes para o filhote no início de sua vida. Filhotes que passaram por experiências positivas com todas as coisas que os cercam durante a vida crescem confiantes e felizes, enquanto filhotes que não passaram por essas experiências, ou que possuem experiências ruins, crescem assustados, desconfiados e com maior tendência à agressividade (BAILEY, 2012).

Em seu habitat natural, devido à proteção da mãe e de outros membros da matilha, os filhotes de lobos têm liberdade de aprenderem sobre o ambiente que os cerca de modo mais rápido e sem sentir medo. À medida em que eles crescem, começam a explorar esses ambientes sozinhos, necessitando de mais cautela com situações e objetos desconhecidos (BAILEY, 2012).

O mesmo acontece com os filhotes de cães que, quando ainda são muito novos, recebem novas experiências sem medo. Conforme crescem, vão ficando mais medrosos frente a situações novas (BAILEY, 2012).

Se a habituação a lugares e objetos novos, assim como a socialização com outros animais e humanos forem negadas a um filhote, o comportamento do cão adulto ao redor de outras pessoas ou cães pode ser imprevisível, podendo ficar com medo ou até demonstrar agressividade (VOLHARD E VOLHARD, 2011).

Grande parte dos comportamentos de um cão são formados enquanto filhote, sendo que ele sempre se lembrará se as experiências foram boas ou ruins. Quanto maior a quantidade de experiências boas e encontros agradáveis o cachorro tiver durante seu desenvolvimento, maior será a chance de ele amadurecer e se tornar um adulto equilibrado, capaz de enfrentar as situações sem medo (BAILEY, 2012).

Filhotes também aprendem observando outros cães, mas isso apenas acontecerá se tiverem a oportunidade de interagir durante um tempo com esses indivíduos mais velhos (VOLHARD E VOLHARD, 2011). Porém, a maioria dos tutores possui apenas um cão, o que torna mais difícil o processo de socialização com outros cães. Desta forma, os parques que permitem a entrada de cães surgem como uma alternativa para interações positivas entre eles (VOLHARD E VOLHARD, 2011).

As aulas são uma forma segura e positiva de introduzir os filhotes, juntamente com seus novos tutores, a uma variedade de estímulos durante o período sensível de socialização.

Um estudo descobriu que as aulas de filhotes melhoram significativamente o comportamento deles após 20 semanas, com filhotes que frequentaram as aulas sendo menos propensos a temer ruídos altos, como trovões. Outro estudo mostrou que as aulas de filhotes reduziram a agressão a pessoas desconhecidas, o que é uma preocupação comum entre os tutores de cães. Além disso, os cães que participaram de aulas de filhotes eram mais propensos a serem adotados em uma sociedade humana.

Estudos recentes também sugerem que as aulas de filhotes podem ter efeitos positivos no comportamento adulto dos cães. Em um estudo, filhotes e juvenis que participaram delas tiveram melhores escores para agressão família-cão, treinabilidade, medo não social e sensibilidade ao toque. Outro estudo mostrou que frequentar aulas de filhotes e adultos melhorou o comportamento de obediência dos cães, independentemente da idade. Além disso, os cães que frequentaram aulas de filhotes tiveram respostas significativamente mais positivas a estranhos do que aqueles que não as frequentaram.

3.1. As consequências da não sociabilização de filhotes

O período de socialização é crítico para a formação dos relacionamentos sociais primários. Durante essa etapa, os estímulos específicos advindos da experiência produzem efeitos de longo prazo e irreversíveis no comportamento futuro dos animais. Para o cão doméstico, o processo de socialização primária permite que os filhotes formem vínculos com animais não coespecíficos, com seres humanos e outros animais com quem ele tenha contato durante esse período. As características da experiência de socialização determinam os futuros parceiros sociais do animal.

Os períodos sensitivos, ou críticos, referem-se àqueles com limites menos definidos e menos estanques, onde as respostas ou preferências particulares são adquiridas mais rapidamente que em outras fases. Isso implica que certas experiências devem acontecer num período específico para que a oportunidade de aprendizagem mais rápida e menos difícil não seja perdida.

O período de socialização é o mais importante para as relações sociais do animal, pois a falta de socialização pode ter consequências graves para o comportamento do cão. Em um estudo realizado em 1961, por Daniel Freedman *et al.*, cachorros isolados de seres humanos até as 14 semanas de idade apresentaram pouca atração por pessoas e baixa reatividade a novos estímulos.

Em outro estudo, realizado em 1967 por Fox e Stelzner, cachorros criados sob condições de isolamento social apresentaram comportamentos inadequados em relação à sua espécie, como agressividade, dificuldade em inserir-se em um grupo de brincadeira e preferência por estar sozinho. Já cachorros que tiveram experiências sociais adequadas nesse período demonstraram união e interação entre o grupo da mesma espécie, com padrões comportamentais mutuamente compatíveis.

Em um estudo comparativo conduzido por Young Kim *et al.* (2010), cachorros da raça jindo foram divididos em dois grupos: um submetido a um programa de socialização entre as sete e as 13 semanas; e outro sujeito a um programa de semi-isolamento, com pouco contato humano. Os resultados demonstraram que os cães expostos diariamente a novos estímulos apresentaram um nível mais elevado de reação lúdica e brincadeira, enquanto aqueles que não foram expostos e submetidos aos mesmos estímulos demonstraram altos níveis de medo (KIM *et al.*, 2010).

De acordo com estudos anteriores, cachorros que não passam por um processo adequado de socialização durante os primeiros três meses de vida têm uma maior probabilidade de apresentarem comportamentos defensivos, medo e agressividade na fase adulta (APPLEBY *et al.*, 2002; STEPITA *et al.*, 2013). Ainda que o período de socialização seja aparentemente curto, as consequências da incompleta ou ausência de socialização podem ser bastante severas (BEAVER, 1995).

Cães que não passaram por esses processos de forma adequada estarão propensos a desenvolver comportamentos desajustados, incluindo medo, agressividade e ansiedade de separação, entre outros (FARACO *et al.*, 2013). Infelizmente, essas são as principais queixas comportamentais que levam ao abandono de animais de estimação, de acordo com Salman *et al.* (2000).

Esses resultados demonstram a importância da experiência social precoce no subsequente desenvolvimento do comportamento e das relações sociais dos cães. Cães criados em um elevado grau de isolamento social podem exibir comportamentos anormais, como movimentos excessivos, vocalizações, medo, ansiedade e agressividade. É essencial, portanto, que os filhotes sejam socializados adequadamente desde o início de suas vidas para desenvolver comportamentos saudáveis e sociáveis.

3.2. As consequências da pandemia na socialização de filhotes

O *lockdown* da Covid-19 teve um impacto maior em indivíduos em crescimento que não estavam totalmente acostumados às experiências relacionais necessárias para um processo de socialização adequado.

Os decretos de *lockdown* por todo o mundo impactaram diretamente a saúde mental de pessoas e cães.

Um estudo conduzido por Luigi Sacchettino, Claudia Gatta, Andrea Chirico, Luigi Avallone, Francesco Napolitano e Danila d'Angelo intitulado "Filhotes criados durante o lockdown da COVID", publicado na revista Veterinário Sci., em 2023, destacou um aumento significativo nos traços de personalidade relacionados ao medo e à agressão em cães que sofreram restrições de *lockdown* durante o período de socialização, reforçando a necessidade de monitoramento e terapia especializada para esses animais.

3.3. As aulas para filhotes realmente fazem a diferença?

Embora seja verdade que muitos estudos sobre os efeitos das aulas de filhotes no comportamento de cães adultos têm sido de natureza epidemiológica, há uma ampla gama de pesquisas que fornecem evidências claras de que elas são benéficas para os cães. Por exemplo, estudos controlados mostraram que filhotes que frequentam aulas de socialização têm maior probabilidade de ter comportamentos positivos em situações sociais, como interagir com outros cães e pessoas desconhecidas, do que filhotes que não frequentam essas aulas.

Além disso, as aulas de filhotes são projetadas para ajudar a desenvolver habilidades importantes, como controle de impulsos, obediência básica e resolução de problemas, o que pode levar a comportamentos mais saudáveis e positivos em cães adultos. Embora possa ser verdade que estudos experimentais controlados em populações específicas de filhotes sejam raros, isso não significa que a evidência existente seja menos clara.

Em um desses estudos, Duxbury *et al.* descobriram que os filhotes que eram manuseados com frequência e participavam de aulas de socialização eram menos propensos a serem entregues a um abrigo quando adultos. No entanto, outros fatores que previram a retenção na casa foram ter uma tutora do sexo feminino, dormir perto da cama do tutor, capacidade de resposta aos comandos e não ter crianças pequenas em casa. Portanto, é possível que as aulas de socialização de filhotes sejam um aspecto de um conjunto de fatores que reduzem a probabilidade de abandono.

De acordo com o estudo de Casey *et al.*, intitulado "Agressão humana dirigida em cães domésticos (canis familiaris): ocorrência em diferentes contextos e fatores de risco", a frequência nas aulas de filhotes foi associada a uma redução no risco de agressão direcionada a pessoas desconhecidas por cães domésticos. No entanto, assim como no estudo de Duxbury *et al.*, o comportamento menos agressivo não pode ser atribuído apenas à frequência nas aulas de filhotes, uma vez que existem muitos outros fatores que também podem influenciar nessa questão.

O artigo "Sucesso da terapia comportamental e o efeito da socialização no comportamento subsequente em cães", escrito por Ward MR e publicado em 2003 pela Massey University, na Nova Zelândia, analisa a eficácia da terapia comportamental e o impacto da socialização no comportamento de cães adultos.

O estudo incluiu 67 cães de diferentes raças e idades que apresentavam problemas de comportamento, como agressividade, medo e ansiedade.

Os resultados mostraram que a terapia comportamental foi eficaz na melhoria do comportamento dos cães em 74% dos casos. Além disso, os cães que haviam sido socializados adequadamente desde a infância apresentaram menos problemas comportamentais em comparação com aqueles que não foram submetidos à socialização.

O estudo conclui que a terapia comportamental pode ser uma abordagem eficaz para tratar problemas comportamentais em cães adultos. Além disso, destaca a importância da socialização adequada na infância do animal para prevenir problemas comportamentais futuros.

No artigo "Programas de socialização de filhotes: efeitos comportamentais a curto e longo prazo", publicado na revista Applied Animal Behaviour Science, Seksel K., Mazurski E.J. e Taylor A. (1999) analisaram os efeitos de programas de socialização de filhotes em cães.

Os autores realizaram um estudo longitudinal com 63 filhotes de cães de diferentes raças e idades, divididos em três grupos: um de controle; um que participou de um programa de socialização de seis semanas; e outro que participou de um programa de socialização de 12 semanas. O objetivo foi avaliar os efeitos comportamentais a curto e longo prazo desses programas.

Os resultados mostraram que os filhotes que participaram dos programas de socialização apresentaram melhorias significativas em relação aos filhotes do grupo de controle, tanto a curto quanto a longo prazo. Essas melhorias incluíram maior sociabilidade com pessoas e outros cães, menor agressividade e ansiedade, e maior capacidade de adaptação a novas situações.

Os autores concluíram que os programas de socialização de filhotes são eficazes para melhorar o comportamento dos cães a curto e longo prazo, e que a duração do programa pode ter um impacto significativo nos resultados. Eles recomendaram que os programas de socialização sejam iniciados o mais cedo possível na vida dos filhotes e que sejam realizados por um período mínimo de seis semanas.

O artigo "Períodos de desenvolvimento inicial e os efeitos da estimulação e experiências sociais no canino", de Battaglia (2009), discute a importância dos períodos de desenvolvimento precoce nos cães e como a estimulação e as experiências sociais durante esses períodos podem afetar o comportamento e a saúde mental do animal. O autor enfatiza que os primeiros três meses de vida de um filhote são críticos para o desenvolvimento de habilidades sociais e emocionais, e que a falta de estimulação durante esse período pode levar a problemas comportamentais no futuro.

Battaglia descreve um programa de estimulação que visa a fornecer uma variedade de experiências sensoriais, sociais e motoras para filhotes durante seus primeiros meses de vida. Esse programa inclui atividades como exposição a diferentes sons e texturas, brincadeiras com outros filhotes e pessoas, e treinamento básico de obediência. O autor afirma que a participação em programas de estimulação pode ajudar a promover o desenvolvimento saudável do cérebro e melhorar o comportamento do cão na idade adulta.

O artigo conclui que a estimulação adequada durante os períodos críticos de desenvolvimento pode ter um impacto significativo na saúde mental e no comportamento do cão na idade adulta. O autor enfatiza a importância de fornecer experiências variadas e enriquecedoras para os filhotes, a fim de promover o desenvolvimento saudável e prevenir problemas comportamentais no futuro.

O capítulo de Serpell *et al.* (2016) discute a importância da experiência precoce no desenvolvimento do comportamento em cães. Os autores revisam pesquisas sobre como as experiências do ambiente social durante os primeiros meses de vida podem afetar o comportamento e a personalidade dos cães na idade adulta.

Os autores enfatizam a importância da socialização precoce para ajudar os filhotes a se adaptarem a diferentes ambientes, pessoas e animais. Eles descrevem o papel crucial dos cuidadores e criadores na adequação de um ambiente enriquecedor para os filhotes, que inclua exposição a diferentes estímulos e pessoas.

Além disso, Serpell e Jagoe discutem a importância da genética na personalidade e no comportamento dos cães. Eles revisam pesquisas que sugerem que certas raças podem ser mais suscetíveis a certos comportamentos, mas enfatizam que o ambiente e a socialização são cruciais para o desenvolvimento saudável do comportamento em qualquer raça de cão.

O capítulo conclui que a experiência precoce é fundamental para o desenvolvimento saudável do comportamento em cães. Os autores enfatizam a importância de socialização e exposição a diferentes estímulos para ajudar os filhotes a se adaptarem a diferentes ambientes e pessoas. Eles também enfatizam a necessidade de cuidadores e criadores responsáveis para propiciar um ambiente enriquecedor e saudável para os filhotes.

Uma razão pela qual as aulas de socialização de filhotes nem sempre parecem afetar singularmente o comportamento do cão adulto pode estar relacionada à maneira como algumas delas são executadas. Na maioria dos países, não há procedimentos de acreditação em vigor e as aulas de filhotes podem ser administradas por pessoas que não possuem as habilidades ou a experiência necessária para esse fim.

Talvez muitos filhotes simplesmente achem a experiência muito estressante, o que não gera um benefício perceptível. Embora o estresse leve seja um componente da socialização, é importante não estressar demais os filhotes ou, então, os benefícios não serão notados.

Esse nível leve de estresse provavelmente seria afetado pela forma como as aulas são ministradas, por quem e qual conteúdo ela envolve. Uma aula mal administrada, que oferece conselhos abaixo do ideal para os tutores de cães, não será benéfica para melhorar o vínculo humano-canino e pode resultar em problemas comportamentais durante o desenvolvimento do filhote. Uma aula mal administrada para tutores de cães seria aquela que não oferece conselhos adequados ou informações corretas sobre o treinamento e cuidado com eles. Os conselhos abaixo do ideal podem ser prejudiciais, pois podem levar a práticas inadequadas de treinamento, falta de compreensão das necessidades do cão e falta de estímulo mental e físico apropriado.

Para melhorar o vínculo humano-canino, é importante que os tutores recebam orientações corretas sobre treinamento baseado em reforço positivo, socialização adequada, técnicas de comunicação eficazes e compreensão do comportamento canino. Uma aula bem administrada fornecerá informações precisas sobre esses aspectos e ajudará os tutores a estabelecer uma base sólida para o relacionamento com seu cão.

Se os tutores receberem conselhos abaixo do ideal ou informações incorretas, isso pode resultar em problemas comportamentais durante o desenvolvimento do filhote. Por exemplo, práticas de treinamento punitivas, falta de socialização adequada ou ausência de estímulo mental podem levar a comportamentos indesejados, medo ou ansiedade no cão.

Portanto, é crucial que os tutores de cães recebam orientações adequadas e de qualidade durante as aulas para garantir um vínculo saudável e positivo com seus cães, bem como promover um desenvolvimento comportamental adequado do filhote.

A capacidade de um treinador de ler e responder efetivamente às pistas comunicativas do cão é extremamente útil para determinar o nível de estresse experimentado pelos filhotes em sala de aula e/ou os resultados da aula de socialização. Aqui estão algumas razões pelas quais isso é importante:

Compreensão das necessidades emocionais dos filhotes: um bom treinador deve ser capaz de reconhecer os sinais de estresse e ansiedade exibidos pelos filhotes. Ele deve ser capaz de identificar quando um filhote está desconfortável, assustado ou sobrecarregado. Ao reconhecer essas pistas comunicativas, o treinador pode tomar medidas para diminuir o estresse do filhote e ajustar a abordagem de treinamento de acordo.

Adaptação às personalidades individuais: cada cão tem uma personalidade única e pode responder de maneira diferente a diferentes abordagens de treinamento. Um treinador experiente pode observar as pistas comunicativas sutis do cão e adaptar sua abordagem de treinamento para atender às necessidades individuais de cada filhote. Isso ajuda a criar uma atmosfera de aprendizado positiva e reduz o estresse, permitindo que cada filhote se desenvolva em seu próprio ritmo.

Fornecimento de orientação adequada: os filhotes podem se comunicar de várias maneiras, incluindo sinais visuais, vocais e linguagem corporal. Um treinador eficaz deve ser capaz de interpretar essas pistas comunicativas e responder de maneira apropriada. Isso pode envolver a oferta de reforço positivo no momento certo, interromper comportamentos indesejados ou ajustar a intensidade do treinamento para evitar sobrecarregar o filhote. Ao entender e responder adequadamente às pistas comunicativas, o treinador pode fornecer a orientação necessária para um aprendizado efetivo sem causar estresse excessivo.

Promoção de uma socialização positiva: a socialização é uma parte crucial do desenvolvimento de um filhote, e um treinador que pode ler e responder às pistas comunicativas dos cães é fundamental para criar interações sociais positivas. Ele pode identificar quando um filhote está desconfortável ou estressado durante a interação com outros cães ou pessoas, e pode intervir para garantir que a experiência de socialização seja positiva e segura. Isso ajuda a construir confiança nos filhotes e minimiza o risco de traumas sociais.

Em resumo, a capacidade de um treinador de ler e responder efetivamente às pistas comunicativas do cão é crucial para garantir que os filhotes tenham experiências de aprendizado e socialização positivas. Isso ajuda a reduzir os níveis de estresse e ansiedade, permitindo que os filhotes se desenvolvam de maneira saudável e se tornem cães equilibrados e felizes.

O artigo "Puppy parties and beyond: the role of early age socialization practices on adult dog behavior", de Tiffani J Howell, aborda a importância da socialização precoce na formação do comportamento do cão adulto. A autora argumenta que a socialização é crucial para prevenir problemas comportamentais, como agressão, medo e ansiedade em cães adultos.

Ela discute várias práticas de socialização, incluindo "*puppy parties*", que são eventos sociais para cães jovens, onde eles podem interagir com outros cães e com pessoas. A autora também aborda outras práticas de socialização, como exposição a diferentes estímulos, treinamento de obediência e contato com pessoas e animais diferentes.

Tiffani afirma que a socialização deve ocorrer durante um período crítico de desenvolvimento, que geralmente ocorre entre as três e as 14 semanas de idade. Ela argumenta que a socialização tardia ou insuficiente pode levar a problemas comportamentais e dificultar o treinamento do cão adulto.

O artigo "Práticas de socialização de filhotes de uma amostra de tutores de cães de todo o Canadá e dos Estados Unidos", de Janet H. Cutler, examina as práticas de socialização de filhotes em uma amostra de tutores de cães em todo o Canadá e nos Estados Unidos.

A autora destaca a importância da socialização precoce para o desenvolvimento comportamental saudável de cães adultos e como práticas inadequadas podem levar a problemas comportamentais. O estudo revela que muitos tutores não estão cientes da importância da socialização precoce ou não a praticam adequadamente.

Tanto Tiffani quanto Janet discutem os tipos de exposição que são importantes para a socialização, incluindo a interação com pessoas, com outros animais e ambientes diferentes. As autoras também discutem os fatores que podem influenciar as práticas de socialização, como a idade do filhote e a disponibilidade de tempo e recursos.

Evidências mostraram que filhotes que frequentam aulas de socialização têm maior probabilidade de ter comportamentos positivos em situações sociais, como interagir com outros cães e pessoas desconhecidas. Além disso, as aulas de filhotes ajudam a desenvolver habilidades importantes, como controle de impulsos, obediência básica e resolução de problemas, o que pode levar a comportamentos mais saudáveis e positivos em cães adultos.

Os estudos também destacam que a socialização adequada na infância dos cães é importante para prevenir problemas comportamentais futuros e que os programas de socialização de filhotes são eficazes para melhorar o comportamento dos cães a curto e longo prazo.

Portanto, a conclusão é que as aulas de socialização para filhotes de cachorro são altamente recomendáveis para garantir um comportamento saudável e positivo de cães adultos. Os resultados positivos de estudos realizados reforçam a importância da socialização adequada na infância dos cães, que pode ter um impacto significativo na qualidade de vida do animal e na relação com seus tutores.

3.4. Entendendo a nutrição e o manejo alimentar do filhote

A nutrição dos filhotes é fundamental para garantir o desenvolvimento saudável de cães e gatos. É importante que a alimentação seja adequada às necessidades de cada animal, levando em consideração fatores como idade, peso, porte e raça. Uma alimentação balanceada pode prevenir doenças, fortalecer o sistema imunológico, contribuir para o crescimento adequado de músculos e ossos, manter a saúde da pele e proporcionar uma microbiota equilibrada.

O médico-veterinário e o zootecnista têm um papel fundamental no suporte nutricional e no manejo alimentar adequados aos filhotes. Esses profissionais devem orientar o tutor sobre o manejo nutricional da fêmea durante a gestação e lactação, além de cuidados essenciais no período do desmame.

Os desafios nutricionais para filhotes envolvem diversos fatores como o tamanho da ninhada, a taxa de crescimento dos filhotes, desidratação, hipoglicemia e hipotermia. O colostro é essencial para a sobrevivência dos filhotes, pois confere imunidade passiva por meio da transferência dos anticorpos maternos. No entanto, a presença desses anticorpos pode interferir no desenvolvimento da própria imunidade dos filhotes em resposta às vacinas convencionais. A janela imunológica varia de um animal para outro, e cada um torna-se capaz de responder à vacinação em momentos diferentes.

Isso ocorre, porque, enquanto os filhotes ainda têm anticorpos maternos, estes podem interferir na eficácia da vacinação, impedindo a resposta imunológica do filhote à vacina. A vacinação em intervalos de duas a quatro semanas permite que o filhote receba o imunizante em um momento em que os anticorpos maternos diminuem e, assim, a resposta imunológica própria do filhote começa a se desenvolver.

A World Small Animal Veterinary Association (WSAVA) recomenda que a última dose de vacinas essenciais para filhotes deve ser administrada após as 16 semanas de idade, para garantir que eles tenham tempo suficiente para desenvolver uma resposta imunológica completa à vacinação e estejam protegidos contra doenças infecciosas.

O tamanho da ninhada tem um impacto significativo na produção de leite da mãe, já que a quantidade produzida não aumenta de forma proporcional ao número de filhotes.

Nesse sentido, é importante que os cuidadores observem a competição entre os filhotes e identifiquem aqueles que estejam crescendo em um ritmo mais lento do que o esperado. É possível identificar filhotes com dificuldades de crescimento por meio de um acompanhamento cuidadoso do peso e do tamanho corporal.

Além disso, filhotes apresentam altas demandas nutricionais para seu crescimento e desenvolvimento. Para aumentar um grama de peso, o filhote deve ingerir no mínimo 2,7 gramas de leite. Caso a taxa de crescimento esteja insuficiente, é importante considerar a amamentação artificial ou a transição precoce para alimentos pastosos.

Os neonatos — filhotes recém-nascidos — são animais muito vulneráveis devido à imaturidade de seu sistema fisiológico. Por isso, é necessário tomar cuidado com algumas condições que podem ser fatais para eles, como desidratação, hipoglicemia e hipotermia.

A desidratação ocorre quando o filhote não ingere água ou leite suficiente para suprir suas necessidades hidroeletrolíticas. Isso pode levar à diminuição do volume sanguíneo, comprometendo a perfusão dos órgãos e podendo levar à morte. Por isso, é essencial garantir a hidratação adequada dos filhotes por meio da ingestão do leite materno ou da oferta de soluções hidroeletrolíticas.

A hipoglicemia ocorre quando há baixos níveis de glicose no sangue, o que pode ocorrer em filhotes que não ingerem alimento suficiente ou que apresentam um metabolismo energético ainda imaturo. A hipoglicemia pode levar à fraqueza, a convulsões e, em casos mais graves, à morte. Por isso, é importante monitorar os níveis de glicose no sangue dos filhotes e garantir que estejam recebendo alimento suficiente para suprir suas necessidades energéticas.

A hipotermia ocorre quando a temperatura corporal do filhote cai abaixo do normal, comprometendo suas funções metabólicas e o levando à morte. Filhotes recém-nascidos ainda não possuem uma termorregulação eficiente, por isso é importante mantê-los em um ambiente com temperatura adequada e, se necessário, fornecer aquecimento externo para evitar a hipotermia.

Em resumo, a prevenção da desidratação, hipoglicemia e hipotermia é essencial para garantir a sobrevivência dos filhotes recém-nascidos. Monitorar a ingestão de leite materno, os níveis de glicose no sangue e a temperatura corporal dos filhotes é fundamental para identificar e tratar precocemente essas condições.

Durante o processo de desmame, é importante que o filhote seja gradualmente apresentado a alimentos sólidos. A transição brusca do leite materno para uma dieta sólida pode causar estresse e desordens digestivas, como diarreia e vômito. Além disso, é importante escolher uma dieta adequada para a idade e o tamanho do filhote, com a quantidade certa de nutrientes essenciais para o seu desenvolvimento.

Aos poucos, o filhote se adaptará à nova dieta, diminuindo a ingestão de leite materno. É importante lembrar que o leite materno ainda é uma fonte importante de nutrientes e anticorpos para o filhote, mesmo após o início do desmame. Por isso, é recomendável que a amamentação seja mantida até que o filhote esteja completamente adaptado à nova dieta.

Os filhotes devem receber alimentos adequados para sua idade, seu peso e tamanho, e a quantidade deve ser ajustada de acordo com o seu crescimento e desenvolvimento. É importante oferecer uma dieta balanceada, com a quantidade certa de proteínas, carboidratos, gorduras, vitaminas e minerais para garantir o seu crescimento saudável. É recomendado que a dieta seja prescrita e orientada por um zootecnista ou médico-veterinário.

A tarefa de acompanhar o desmame de filhotes de animais pode ser um desafio para os tutores. Geralmente, o desmame começa por volta da quarta semana de vida, com a introdução de alimentação pastosa ou úmida intercalada com mamadas esporádicas. Para fazer o mingau, pode-se reidratar um croquete de alimento com tecnologia de reidratação, diluindo duas partes de água a 60 °C para uma parte de alimento seco por 20 minutos. No início, é importante consumir uma pequena quantidade de mingau semissólido, pois o leite materno ainda é a principal fonte alimentar da ninhada. Depois de dois ou três dias de alimentação pastosa, os filhotes já podem começar a preensão do alimento e a diluição deve ser menor.

Os dentes de leite começam a "nascer" entre 21 e 35 dias após o nascimento, permitindo que os filhotes adquiram a capacidade de mastigar e consumir alimentos sólidos em torno de cinco a seis semanas de vida. O desmame nutricional geralmente é concluído com seis semanas de vida, mas algumas cadelas e gatas podem permitir que seus filhotes mamem até oito semanas de vida ou mais.

Após o desmame, é importante fornecer aos filhotes uma alimentação seca apropriada para essa etapa da vida, com croquetes de dimensões pequenas para facilitar a preensão. Sempre deve-se deixar água limpa e fresca à disposição dos filhotes.

É essencial expor os filhotes a variedades de alimentos desde cedo, pois eles são condicionados às preferências alimentares que permanecerão por toda a vida. O período após o desmame é o melhor momento para apresentar novas texturas e novos formatos de alimentos. Alguns animais podem desenvolver neofobia alimentar se não forem apresentados a novas texturas de alimentos quando filhotes. O alimento fornecido desde o período de desmame deve ser palatável o suficiente para atrair os filhotes pelo aroma, por exemplo, que é uma característica de extrema importância na formulação desses alimentos.

Para garantir um crescimento saudável, os filhotes de cães e gatos precisam de um alimento que atenda às suas exigências nutricionais específicas, que variam de acordo com a espécie, o porte e a fase de crescimento.

Os filhotes de gatos têm um crescimento rápido e intenso até os quatro meses de vida, o que exige um alimento mais energético. Entre os quatro e doze meses, o crescimento ainda ocorre, porém de forma mais lenta, e, por isso, a alimentação deve ter um teor energético moderado.

Já em cães, as variações são ainda maiores. Os cães de porte miniatura e pequeno completam o crescimento entre oito e 10 meses, enquanto os cães médios completam o crescimento aos 12 meses. Os cães de porte grande e gigante podem demorar entre 15 a 24 meses para completar o crescimento. Portanto, é importante que os requerimentos nutricionais sejam ajustados para cada curva de crescimento específica.

Durante o crescimento, a gordura é uma importante fonte de energia, fornecendo ácidos graxos essenciais como o DHA e EPA da série ômega 3 e o LA e AA da série ômega 6. Esses ácidos graxos contribuem para o desenvolvimento do filhote e para a saúde da pele e pelagem.

Em resumo, para garantir um crescimento saudável, é importante fornecer um alimento que atenda às exigências nutricionais específicas de cada espécie, porte e fase de crescimento. Além disso, é necessário controlar a quantidade adequada de gordura e minerais para evitar deficiências ou excessos.

Para garantir a adequação do manejo alimentar, é importante considerar a densidade calórica dos alimentos e ajustar as porções de acordo com as necessidades individuais de cada animal. O rótulo da maioria dos alimentos mostra a quantidade de energia metabolizável do alimento, que é importantíssima para calcularmos as quantidades corretas de alimento, mas isso também cabe ao zootecnista ou médico-veterinário, que deve definir as necessidades energéticas diárias para este filhote.

A transição de um tipo de alimento para outro deve ser feita gradualmente, ao longo de cerca de sete dias, para evitar transtornos digestivos.

Além disso, é essencial orientar os tutores sobre o fracionamento da necessidade diária de alimento em várias refeições ao longo do dia. Esse cuidado é especialmente importante para os filhotes, que têm maior risco de se tornarem obesos quando superalimentados.

Eu, como zootecnista, oriento os clientes a dividirem a quantidade diária, de acordo com as necessidades energéticas individuais, em pelo menos quatro porções, mas isso pode variar de indivíduo para indivíduo, podendo ser mais ou menos porções.

A alimentação em excesso pode prejudicar o desenvolvimento saudável do animal e aumentar as chances de problemas de saúde na idade adulta.

Outro aspecto importante do manejo alimentar é o controle da quantidade e qualidade dos petiscos oferecidos aos animais. Embora possam ser uma forma de recompensa e incentivo, os petiscos também podem contribuir para o excesso de calorias e nutrientes na dieta do animal. Por isso, é importante limitar a quantidade de petiscos e escolher opções saudáveis e equilibradas. Para não errar, nunca ofereça mais que dez por cento da necessidade energética diária do animal e peça sempre orientação do nutricionista do seu pet.

A avaliação regular do peso e da condição corporal do animal é fundamental para ajustar a dieta e garantir a manutenção do peso saudável. Um profissional de saúde animal deve ser consultado regularmente para ajudar a estabelecer um plano de alimentação adequado para as necessidades individuais do animal.

3.5. Buscando o filhote no canil

O momento em que se adquire um filhote de cachorro é emocionante, mas também pode ser estressante para ele, já que está deixando a mãe e os irmãos de ninhada. Para garantir que seu cliente esteja preparado para cuidar do seu novo animal de estimação, aqui estão algumas coisas que você deve ter em mente.

A melhor idade para levar um filhote para casa é entre oito e 10 semanas de idade. Nesse período, o filhote deve estar desmamado e ter aprendido as habilidades sociais iniciais dos cães ao conviver com sua mãe e seus irmãos.

É importante levar alguns itens ao pegar o filhote. Você deve ter uma guia e uma coleira ou peitoral ajustável para garantir que o filhote esteja seguro durante a viagem para casa. Também é útil levar um cobertor ou brinquedo que tenha o cheiro da mãe do filhote, pois isso pode ajudar a acalmá-lo durante a viagem.

Além disso, é essencial levar uma garrafa de água e uma tigela para garantir que o filhote fique hidratado durante a viagem para casa. Finalmente, é uma boa ideia trazer alguns petiscos para recompensá-lo pelo comportamento adequado e mantê-lo ocupado durante a jornada.

Em suma, o processo de levar um filhote para casa pode ser um pouco estressante, mas, se você se preparar com antecedência, poderá garantir uma transição mais suave para o seu novo animal de estimação.

3.6. Como preparar a casa para receber o filhote

Antes de seu cliente levar o filhote para casa, é importante que ele escolha um local adequado para ser o quarto do pet. Este local deve ser seguro, confortável e acolhedor para o seu filhote.

Para começar, escolha um local que seja protegido contra a chuva e o sol. Certifique-se de que o quarto tenha uma boa cama, o banheiro do filhote, um pote de água e brinquedos inteligentes, como os da Pet Games, uma PETBALL, um 4DOG Soft, para mantê-lo ocupado.

Esse cômodo pode ser criado com um cercadinho de metal ou pode ser um ambiente da casa que esteja vago, como a lavanderia, área gourmet ou qualquer outro lugar que você considere apropriado. Para manter o filhote seguro e evitar que ele saia do quarto, você pode utilizar cercadinhos ou portões.

Uma vez escolhido o local para o quarto do filhote, é importante preparar o ambiente de maneira adequada. Lembre-se de retirar quaisquer objetos perigosos ou tóxicos que possam ser prejudiciais ao filhote.

Certifique-se de que o quarto seja limpo e higienizado regularmente. Coloque tapetes higiênicos ou jornais no banheiro do filhote para facilitar a limpeza.

Finalmente, não se esqueça de que o quarto do filhote deve ser um lugar agradável para ele estar. Espalhe brinquedos e objetos de que ele goste e sempre interaja com o pet nesse ambiente. Isso ajudará a criar uma relação forte e saudável entre você e seu filhote.

Seguindo essas dicas, a casa estará adequada para receber o filhote. Lembre-se de que uma boa preparação é fundamental para que o filhote se sinta seguro e confortável em seu novo lar.

3.7. A importância do quarto do filhote

Para evitar que o filhote faça bagunça pela casa, destrua objetos ou faça xixi e cocô fora do lugar, é essencial que o tutor dedique um espaço específico para ele. Imagine um bebê que acabou de começar a engatinhar, você o deixaria livre pela casa sem a supervisão de alguém? Certamente não!

Ao proporcionar um quarto para o filhote, é possível maximizar a probabilidade de que ele se habitue a utilizar o banheiro no local adequado, a roer somente os brinquedos permitidos e a permanecer calmo e tranquilo, sem latir.

Lembre-se de que qualquer incidente de sujeira ou destruição pode ser um potencial desastre, indicando que muito mais problemas podem ocorrer no futuro. Permitir que um cão jovem e não treinado ande livremente pela casa sem supervisão é um convite para o caos e pode levar a comportamentos hiperativos e ansiosos.

Assim que o cachorro aprender boas maneiras em casa e souber se entreter quando estiver sozinho, poderá ter acesso a toda a casa e ao pátio sempre que você desejar. Portanto, dedicar um espaço próprio para o filhote no início é uma medida importante para estabelecer uma relação saudável e harmoniosa com seu animal de estimação.

Para começar a liberar o filhote em outros cômodos da casa, é importante ter em mente que esse processo deve ser gradual e com supervisão constante. A seguir, seguem algumas dicas para facilitar essa transição:

Escolha um cômodo por vez: comece liberando o filhote em um único cômodo novo por vez, assim ele se sentirá mais seguro e confortável.

Deixe o banheiro e os brinquedos à disposição: certifique-se de deixar o banheiro do filhote à disposição no novo cômodo, bem como alguns brinquedos mastigáveis para que ele possa se distrair. Exemplos de brinquedos mastigáveis: TOTEM Nylon, TOTEM Soft e a CAVEIRINHA Soft, todos da Pet Games.

Fique de olho: fique sempre atento ao filhote e observe como ele se comporta no novo cômodo. Se ele começar a se comportar mal, repreenda-o de forma firme e leve-o de volta ao cômodo anterior.

Aumente gradualmente o tempo: comece liberando o filhote por períodos curtos e vá aumentando gradativamente o tempo em que ele pode ficar no novo cômodo.

Não se esqueça da disciplina: mantenha sempre a disciplina com o filhote, ensinando-o a respeitar os limites e as regras da casa. Com o tempo, ele se habituará aos novos ambientes e se tornará um cão equilibrado e feliz.

Quando se trata de cuidar de um filhote, escolher os materiais e brinquedos certos pode fazer toda a diferença. Embora haja uma infinidade de produtos disponíveis no mercado, alguns poucos se destacam por serem eficazes, duráveis e resistentes. E uma marca que se destaca é a Pet Games, com produtos seguros, duráveis, laváveis, inteligentes e 100% nacionais.

Outra opção são os brinquedos para roer. Esses brinquedos são feitos de *nylon* resistente e são ideais para filhotes que adoram roer. Eles ajudam a manter os dentes do filhote saudáveis e a evitar que ele morda objetos da casa, além de serem divertidos e entreterem o seu pet.

Exemplos de brinquedos: TOTEM, TOTEM SOFT, ÁTOMO SUPER e 4DOGS SOFT da Pet Games.

E brinquedos recheáveis também são excelentes opções. Eles são projetados para estimular a mente do filhote, além de mantê-lo entretido por horas. Esses brinquedos são ideais para filhotes que ficam entediados facilmente e precisam de estímulo mental para evitar comportamentos indesejados. Uso e recomendo em minhas aulas as BONEQUINHAS e o MONSTRINHO da Pet Games.

Outra opção são os cascos e chifres bovinos, que são excelentes para filhotes que gostam de roer e mastigar. Esses produtos são naturais, duráveis e seguros para o animal. Além disso, podem ajudar a fortalecer os dentes do filhote e manter a saúde bucal dele em dia.

Por fim, o tapete higiênico é um item essencial para o treinamento do filhote, pois é mais resistente e absorvente do que um jornal comum e é projetado para ajudar a manter a casa limpa e higiênica. Além disso, é fácil de usar e pode ser descartado depois do uso.

Além desses itens, é importante ter em mente que caixas de papelão e garrafas pet também podem ser úteis para o filhote. Caixas de papelão podem ser transformadas em casinhas ou esconderijos, enquanto garrafas pet podem ser reutilizadas como brinquedos e objetos de estímulo para o filhote. Em suma, escolher os materiais e brinquedos certos pode ajudar a manter o filhote entretido, feliz e saudável.

É muito importante escolher os produtos adequados para o filhote, independentemente da raça ou do porte do animal. Por isso, a lista de produtos recomendados contém opções flexíveis para cães que possuem a boca leve, que não destroem facilmente os brinquedos.

Além disso, é essencial que os produtos sejam duráveis, resistentes e laváveis para garantir a segurança e higiene do animal.

Um ponto importante a ser lembrado é fazer o rodízio dos brinquedos, ou seja, oferecer diferentes opções em dias alternados para que o animal não enjoe do mesmo brinquedo. É possível tornar os brinquedos mais atrativos e interessantes ao passar uma pasta feita com a própria ração, banana ou maçã, por exemplo, tornando o momento de brincadeira ainda mais prazeroso e estimulante para o filhote.

3.8. Necessidades de bem-estar dos cães para você não errar e tornar seu filhote um cachorro feliz e equilibrado

A base para compreendermos o comportamento animal começa pelo conhecimento das necessidades básicas da espécie. Precisamos conhecer a fundo todas essas necessidades, para assim conseguirmos suprir a maioria delas diariamente, afinal, os cães estão inseridos no mundo humano e urbano há milhões de anos, e muito mais, pois, atualmente, eles saíram da natureza e estão em nossas camas.

Para falar das necessidades básicas de cães de maneira lúdica e objetiva, não posso deixar de citar a hierarquia das necessidades caninas, desenvolvida pela mestra em psicologia **Linda Michaels**, que é uma adaptação da Hierarquia das Necessidades (humanas) de Maslow™. Utilizamos a pirâmide de Linda para identificar, educar e apontar falhas sobre as necessidades básicas dos cães.

De acordo com a teoria da Hierarquia das Necessidades do Cão, desenvolvida por Linda Michaels, M.A., Psicologia, as necessidades básicas dos cães podem ser divididas em cinco grupos distintos. O primeiro grupo compreende as necessidades biológicas, como nutrição adequada, água fresca, cuidados veterinários respeitosos, *grooming* agradável, ar fresco, descanso, abrigo interno, segurança e temperatura adequada.

O segundo grupo inclui as necessidades emocionais, tais como segurança, liderança benevolente, confiança e continuidade. O terceiro grupo é composto pelas necessidades sociais dos cães, que envolvem o desenvolvimento de vínculos afetivos com pessoas e outros cães, bem como a oportunidade de se divertir.

As necessidades de treinamento sem força compõem o quarto grupo, no qual se enfatiza a importância de não maltratar os animais e de utilizar técnicas de gerenciamento e aprendizagem adequadas. Por fim, o quinto grupo é composto pelas necessidades cognitivas, que envolvem a escolha, inovação e resolução de problemas.

É importante lembrar que a Hierarquia das Necessidades do Cão enfatiza a importância do bem-estar animal e da utilização de práticas de treinamento sem força. Portanto, é fundamental que os tutores de cães entendam e atendam às necessidades básicas de seus animais de estimação, para que estes possam viver uma vida plena e saudável.

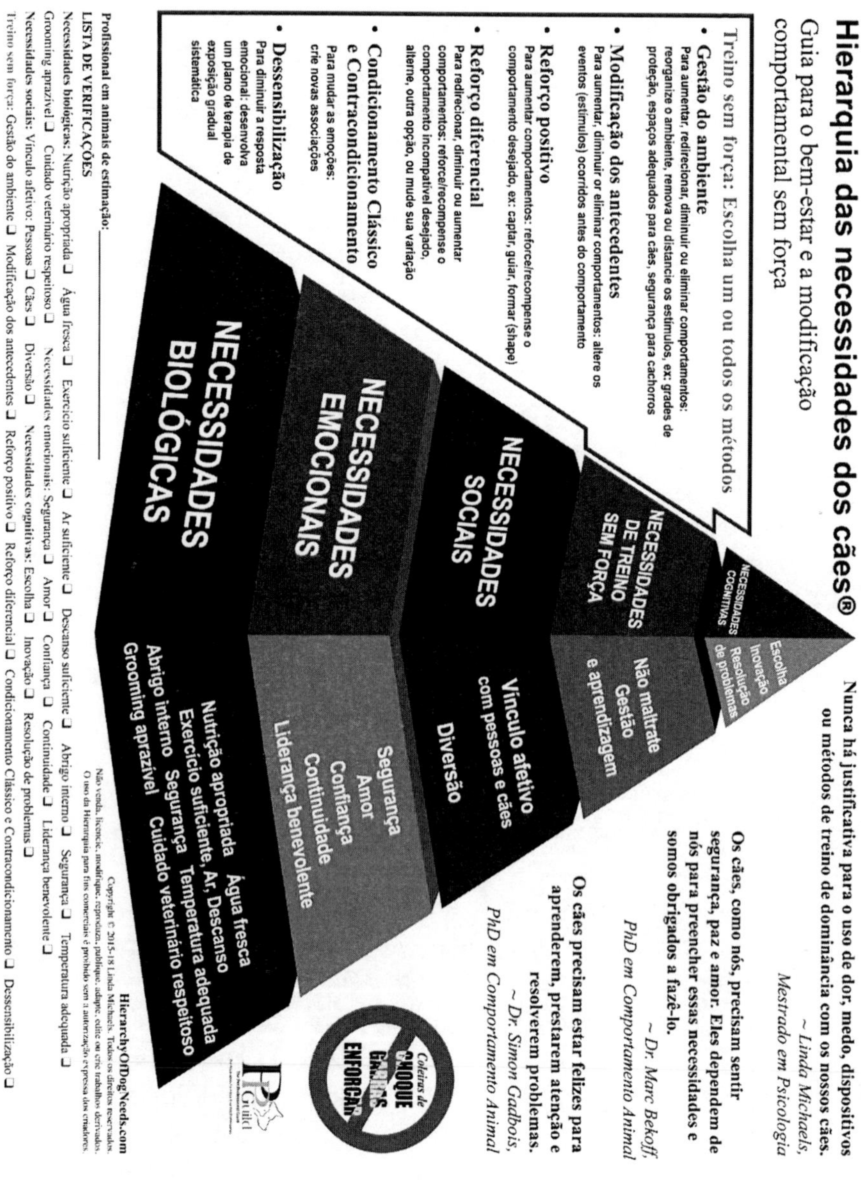

Atorização uso de imagem:
I am granting João Marcel Camargo and publishers non-exclusive rights to include the Hierarchy of Dog Needs graphic (attached below) in their upcoming book publication, conditionally, to be published AS IS with no cropping or alteration of the image. Credit to the creator, Linda Michaels, M.A., Psychology, in text would be greatly appreciated.

3.9. Conhecer sobre os estados emocionais e como os cães se comunicam o ajudarão a entender melhor o filhote e assim melhorar seu trabalho

Os cães são animais altamente emotivos e, assim como os seres humanos, podem experimentar uma variedade de estados emocionais como felicidade, medo, ansiedade e tristeza. Para aqueles que trabalham com filhotes, é especialmente importante entender esses estados emocionais para ajudá-lo na tarefa de desenvolver cães saudáveis e felizes.

Uma das emoções mais importantes para os filhotes é a alegria, pois eles são naturalmente curiosos e gostam de explorar o mundo ao seu redor. Quando estão felizes, os filhotes são mais propensos a aprender, socializar e se adaptar bem ao ambiente. É essencial, portanto, criar um ambiente positivo para que os filhotes possam se sentir seguros e confortáveis.

Outro estado emocional que os filhotes frequentemente experimentam é o medo, que pode ser de novos ambientes, pessoas estranhas ou outros animais. É importante que os tutores e treinadores de filhotes sejam capazes de reconhecer os sinais desse sentimento em seus animais e trabalhem para ajudá-los a superar esses medos de maneira positiva. Isso pode incluir a introdução gradual a novos estímulos e a criação de um ambiente seguro e calmante.

Além disso, a ansiedade também é comum em filhotes, que podem ficar ansiosos quando deixados sozinhos ou separados de seus tutores. É importante ensinar os filhotes a se acalmarem e a ficarem confortáveis sozinhos, permitindo que eles desenvolvam a independência e a confiança.

Por fim, a tristeza também pode afetar os filhotes, especialmente se eles se sentirem negligenciados ou abandonados. Tutores e treinadores devem garantir que seus filhotes recebam amor, carinho e atenção adequados para que eles desenvolvam relacionamentos saudáveis e felizes.

Tutores e treinadores devem ser capazes de reconhecer os sinais de emoções como alegria, medo, ansiedade e tristeza e trabalhar para ajudar os filhotes a superá-las de maneira positiva e construtiva.

Os cães são animais sociáveis e se comunicam de diversas maneiras para interagir com seus semelhantes e com os seres humanos. Conhecer essas formas de comunicação pode ser extremamente útil para entender o comportamento do filhote de cachorro e melhorar o trabalho de cuidados e treinamento.

A comunicação dos cães é principalmente não verbal — por meio de gestos e expressões corporais. Eles usam a posição das orelhas, a cauda, a postura corporal e o olhar para transmitir suas intenções e emoções. Por exemplo, um cão com a cauda abaixada e as orelhas para trás indica que está assustado ou submisso, enquanto um cão com a cauda erguida e as orelhas para frente está alerta e confiante.

Além disso, os cães usam vocalizações, como latidos, rosnados e gemidos, para se comunicar. Cada tipo de vocalização tem um significado diferente, e é importante entender o contexto em que elas são usadas para interpretar corretamente a mensagem transmitida pelo cão.

Ao conhecer essas formas de comunicação canina, é possível entender melhor o comportamento do filhote de cachorro e ajudá-lo a se adaptar ao ambiente doméstico e socializar com outros cães e com pessoas. Por exemplo, se um filhote de cachorro está rosnando para outro cão, pode ser sinal de medo ou agressividade, e é preciso tomar medidas para evitar confrontos e garantir a segurança dos animais envolvidos.

Além disso, entender a comunicação canina pode ajudar no processo de treinamento do filhote. Por exemplo, se um cão está demonstrando comportamentos indesejados, como roer objetos ou fazer suas necessidades em lugares inadequados, é importante identificar a causa desse comportamento e usar métodos de treinamento adequados para corrigi-lo, levando em consideração linguagem corporal e vocalizações do animal.

A comunicação auditiva é uma das formas mais importantes que os cães usam para interagir com outros cães e com os seres humanos. Os cães possuem uma ampla gama de vocalizações, como latidos, rosnados, uivos e gemidos, que transmitem diferentes emoções e intenções.

Os latidos são uma das vocalizações mais comuns dos cães e podem ter diferentes significados. Um latido forte e repetitivo pode indicar que o cão está alertando para uma presença estranha ou um perigo iminente, enquanto um latido curto e agudo pode ser uma forma de comunicação de alegria ou excitação. Além disso, os cães também usam latidos como uma forma de comunicação territorial, para marcar seu território ou afastar outros animais.

Os rosnados, por sua vez, são uma forma de comunicação de alerta que os cães usam para indicar que estão se sentindo incomodados, ameaçados ou querem se impor. É importante estar atento aos rosnados do seu cão e identificar a causa do comportamento, para evitar possíveis conflitos e garantir a segurança de todos os envolvidos. Vale lembrar que os rosnados nunca podem ser punidos, pois é uma grande e importante forma de comunicação dos cães.

Os uivos e gemidos são vocalizações que os cães usam para expressar dor, desconforto ou solidão. Os uivos são uma forma de comunicação que os cães usam para chamar a atenção de seus tutores ou de outros cães, enquanto os gemidos são uma forma de expressar desconforto ou medo. É importante prestar atenção a essas vocalizações e identificar a causa do comportamento, para garantir o bem-estar do seu animal de estimação.

Além das vocalizações, os cães também usam a audição para detectar sons de alta frequência e localizar objetos e presas. Isso se deve à sua habilidade de detectar sons em um intervalo de frequência maior que o dos seres humanos, o que os torna excelentes caçadores e protetores.

Em resumo, a comunicação auditiva é uma forma importante que os cães usam para interagir com outros cães e com os seres humanos. É importante entender as diferentes vocalizações e os sinais sonoros que seu cão emite, para poder identificar suas emoções e intenções, garantindo uma relação saudável e segura entre você e seu animal de estimação.

Além da comunicação auditiva, os cães também usam a comunicação visual para interagir com outros cães e com os seres humanos.

Uma das principais formas de comunicação visual canina é o movimento da cauda. Quando um cão abana a cauda, ele geralmente está expressando alegria, excitação ou submissão. No entanto, é importante notar que a posição e a velocidade da cauda também podem indicar outras emoções, como medo ou agressividade. Por exemplo, uma cauda ereta e rígida pode indicar agressividade, enquanto uma cauda entre as pernas pode indicar medo.

Outro aspecto importante da comunicação visual canina é a linguagem corporal. Quando um cão está confiante e relaxado, ele pode manter a cabeça erguida e as orelhas em pé. Já um cão submisso ou com medo pode manter a cabeça baixa e as orelhas para trás. Além disso, a postura do corpo, como arquear as costas ou se encolher, também pode indicar emoções específicas.

O contato visual também é uma forma importante de comunicação canina. Quando os cães se olham nos olhos, eles estão estabelecendo uma conexão social e expressando confiança e respeito. No entanto, o contato visual direto também pode ser usado para indicar ameaça ou agressividade, especialmente entre cães desconhecidos. Por fim, a expressão facial também pode ser uma forma de comunicação visual canina. Quando um cão levanta as sobrancelhas, ele pode estar expressando curiosidade ou surpresa, enquanto um cão que rosna pode mostrar dentes e rugas no nariz para indicar agressividade.

Em resumo, a comunicação visual é uma forma importante que os cães usam para se comunicar com outros cães e com os seres humanos. É importante entender os diferentes sinais corporais, a postura e os movimentos que os cães usam para se comunicar, e, assim, poder identificar suas emoções e intenções, garantindo uma relação saudável e segura entre você e seu animal de estimação.

A comunicação olfativa é extremamente importante para os cães. Isso porque eles possuem um olfato muito desenvolvido, cerca de cem mil vezes mais sensível que o dos humanos. Dessa forma, o olfato é uma das principais formas de comunicação dos cães.

Os cães possuem glândulas que produzem odores corporais, presentes mais frequentemente na região da cabeça e do ânus, na parte superior da base da cauda e no períneo. Essas glândulas produzem feromônios, que são substâncias químicas que transmitem informações específicas entre indivíduos da mesma espécie.

Por meio do olfato, os cães podem identificar o sexo, a idade, o estado emocional e a saúde de outros cães, além de identificar o território e a presença de outros animais. É por isso que, quando os cães se conhecem, eles cheiram um ao outro, pois essa é uma forma de se reconhecerem e de trocarem informações importantes.

Os cães também usam a comunicação olfativa para marcar o território. Eles podem urinar em determinadas áreas, deixando um odor característico que indica que aquele espaço é deles. Além disso, os cães também podem esfregar a cabeça em objetos ou superfícies, deixando odores que indicam sua presença e seu domínio sobre aquele local.

Em resumo, a comunicação olfativa é uma das principais formas de comunicação dos cães. Por meio do olfato, eles podem identificar outros cães, reconhecer o território e trocar informações importantes. É por isso que esse sentido é uma das principais ferramentas dos cães na hora de se comunicarem e interagirem com o ambiente e com outros animais.

Os cães são animais extremamente sociais e comunicativos, e usam uma variedade de sinais para interagirem uns com os outros. Entre eles, estão os chamados sinais de apaziguamento ou *calming signals*, que são usados para acalmar situações tensas e evitar conflitos.

Esses sinais são muito importantes para a comunicação dos cães, especialmente em situações em que eles estão interagindo com outros cães ou com pessoas. Os cães usam esses sinais para indicar que estão calmos e que não têm intenção de iniciar uma briga ou um confronto.

Entre os principais sinais de apaziguamento dos cães estão:

Lambidas: os cães podem lamber os próprios lábios ou lamber o nariz ou a boca de outro cão como forma de acalmar uma situação.

Bocejos: quando um cão está estressado ou ansioso, ele pode bocejar repetidamente, como forma de aliviar a tensão.

Piscar os olhos: os cães podem piscar repetidamente os olhos como forma de indicar que estão relaxados e não ameaçadores.

Movimentos lentos: os cães podem se mover lentamente e de forma suave para acalmar situações tensas. Curvar-se: quando um cão se curva para baixo, isso pode indicar submissão e tranquilidade.

Orelhas para trás: quando as orelhas de um cão estão para trás, isso indica que ele está relaxado e não agressivo.

Evitar contato visual direto: os cães podem evitar o contato visual direto para esquivar-se de situações tensas.

Cheirar o chão: os cães podem cheirar o chão como forma de demonstrar que estão relaxados e não ameaçadores.

Em resumo, os sinais de apaziguamento são uma forma importante de comunicação para os cães, permitindo que eles evitem conflitos e mantenham a paz em situações sociais. É importante que os tutores de cães estejam atentos a esses sinais para que possam entender melhor a linguagem corporal de seus animais e ajudá-los a se comunicar de forma eficaz com outros cães e com pessoas.

Importante: nunca puna um sinal de apaziguamento ou de estresse, como o rosnado e o mostrar de dentes.

Existem várias razões pelas quais não se deve punir um sinal de apaziguamento ou estresse, como o rosnado e o mostrar de dentes. Algumas delas são:

Comportamento natural: esses sinais são comportamentos naturais que os cães usam para se comunicar e expressar desconforto ou medo. Punir esses comportamentos pode fazer com que o cão se sinta inseguro e não confie mais em seus tutores.

Agressão reprimida: se você pune um cão por mostrar sinais de estresse, ele pode aprender a reprimir seus sinais de advertência e, em vez disso, optar por atacar diretamente sem aviso prévio. Isso pode ser perigoso tanto para o cão quanto para as pessoas ao seu redor.

Falta de resolução do problema: punir um sinal de apaziguamento ou estresse não resolve o problema subjacente que está causando o comportamento. Se o cão está mostrando sinais de estresse, é importante entender o que está causando essa emoção e abordar a causa subjacente.

Em vez de punir esses comportamentos naturais, é importante reconhecer os sinais de apaziguamento e estresse do filhote e trabalhar para criar um ambiente seguro e positivo para ele.

Em resumo, conhecer sobre como os cães se comunicam é fundamental para entender o comportamento do filhote de cachorro e melhorar o trabalho de cuidados e treinamento. Isso permitirá que você estabeleça uma relação mais próxima e saudável com seu animal de estimação, garantindo a segurança e o bem-estar dele.

Capítulo 4.

De que forma a genética interfere no comportamento de cães

De acordo com um estudo realizado por Morrill *et al.*, as raças modernas de cães domésticos são relativamente jovens, com cerca de 160 anos de idade, e são o resultado da seleção de características cosméticas específicas. Para entender como a genética se relaciona com as características das raças, os pesquisadores sequenciaram o DNA de mais de 2.000 cães, tanto de raça pura quanto mestiços, e mapearam genes associados a traços comportamentais e físicos com base em dados de tutores.

No entanto, como Morrill *et al.* (2019) descobriram por meio de sua pesquisa, o comportamento de cães individuais é muito mais variável do que suas características físicas, e a herdabilidade de características físicas foi um melhor preditor de raça do que de ancestralidade de raça em cães de raça mista. Embora algumas características comportamentais fossem mais hereditárias por raça, houve uma variação significativa entre os cães individuais, e a raça não deve ser usada como o único preditor do comportamento de um cão. Assim, a noção de que a ancestralidade da raça pode prever o temperamento e o comportamento em cães individuais não é necessariamente precisa e confiável ao selecionar um animal de estimação. Antes de 1800, os cães provavelmente eram selecionados principalmente para fins funcionais, como caça, guarda e pastoreio. As raças de cães modernos são uma invenção recente, definida pela adesão a um ideal físico e pureza de linhagem. A essas raças são frequentemente atribuídos temperamentos e tendências comportamentais com base na suposta função de sua população ancestral, mas isso nem sempre é um preditor confiável do comportamento individual.

Morrill *et al.* (2019) avaliaram muitos cães, entrevistando os tutores de 18.385 animais, sendo que metade eram de raça pura. Além disso, foram sequenciados o DNA de 2.155 cães para mapear os genes associados a características comportamentais e físicas. Assim, descobriu-se que a maioria dos traços comportamentais têm uma forte hereditariedade, mas que a raça oferece pouco valor preditivo para o comportamento individual, explicando somente 9% da variação. Porém, para características mais hereditárias e específicas de cada raça, como a licitabilidade, a ancestralidade pode ser útil para prever o comportamento de um cão. Já para traços menos hereditários e menos específicos da raça, como o limiar agonístico, a ancestralidade da raça é pouco informativa. Para ampliar a pesquisa, também usaram cães de ascendência mista para comparar o efeito genético da ancestralidade da raça no comportamento com as respostas de tutores de cães de raça pura. Descobriram que, para algumas características, como a licitabilidade e a ancestralidade do border collie, há um efeito genético da raça que se alinha com as respostas da pesquisa. Por outro lado, para traços como sociabilidade humana e ancestralidade do labrador retriever, não encontram um efeito significativo da raça.

Como conclusão, os resultados da pesquisa mostram que a genética é um fator importante na determinação do comportamento canino, especialmente para características mais hereditárias, como a licitabilidade. No entanto, a raça oferece pouco valor preditivo para o comportamento individual, explicando apenas uma pequena porcentagem da variação comportamental. Além disso, o ambiente em que o cão é criado e vive também desempenha um papel significativo em seu comportamento e pode influenciar sua personalidade, suas habilidades e tendências comportamentais. Portanto, é importante considerar tanto a genética quanto o ambiente ao selecionar um cão de estimação e criar um ambiente adequado e seguro para ele viver.

PARTE 2

PUPPYCLASS, PROCESSOS E PERSONAGENS ENVOLVIDOS

Capítulo 5.

História das *puppy classes*

Em 1982, Ian Dunbar foi pioneiro na criação das primeiras aulas de socialização e treinamento de filhotes sem coleira conhecidas como SIRIUS Puppy Training.

A partir disso, ele fundou o Departamento de Comportamento Animal da SPCA de São Francisco, escreveu a coluna "Behavior" para o American Kennel Club's Gazette, por sete anos, e criou os K9 GAMES, eventos anuais que acontecem no Japão e na França desde 1993. Dunbar também apresentou a popular série de televisão britânica "Dogs With Dunbar", por cinco temporadas, e apareceu em diversos programas de rádio e televisão, como o Today Show (EUA) e Dash Village (Japão).

Nos últimos 35 anos, Dunbar já ministrou mais de 1.000 seminários e *workshops* para treinadores de cães e veterinários em todo o mundo, com o objetivo de popularizar as aulas de socialização de filhotes sem coleira, modificação de temperamento e treinamento de cães amigáveis tanto aos tutores quanto aos outros cães. Ele também atuou como consultor em diversos filmes — incluindo "UP", da Pixar — e já palestrou em conferências prestigiadas.

Fundador da Associação de Treinadores de Cães de Estimação em 1993, Dunbar foi introduzido no Dog Fancy Hall of Fame junto com quatro de seus heróis, James Herriot, Konrad Lorenz, Lassie e Balto. Atualmente, é presidente da Association of Pet Dog Trainers Foundation, Top Dog do Center for Applied Animal Behavior e vicepresidente da Dogstardaily, um site *on-line* de criação e treinamento de cães multimídia.

Portanto, se você quer se tornar um especialista em filhotes, precisa ler e conhecer o trabalho de Ian Dunbar.

A promoção de aulas de socialização de filhotes (*puppy class*es) se popularizou em vários países, principalmente nos desenvolvidos, que têm uma cultura forte em relação à posse responsável de animais de estimação. Alguns países que se destacam na promoção de *puppy classes*:

Estados Unidos - as aulas de socialização de filhotes são muito populares e oferecidas em muitas escolas de treinamento de cães, *pet shops* e clínicas veterinárias em todo o país.

Reino Unido - também tem uma forte cultura em relação aos cuidados com animais de estimação e as aulas de socialização de filhotes são amplamente promovidas em todo o país.

Austrália - as *puppy classes* são altamente recomendadas no país como uma forma de garantir que os cães se tornem bem socializados e bem-comportados.

Canadá - tem uma população significativa de tutores de cães, e muitos treinadores de cães oferecem aulas de socialização de filhotes em todo o país.

Japão - conhecido por ser um país que valoriza muito a educação e os cuidados com animais de estimação. As *puppy classes* são muito populares no país e muitos tutores de cães matriculam seus filhotes em escolas de treinamento especializadas.

Capítulo 6.

O que é uma *puppy class* e seus objetivos

Puppy classes são programas de socialização para cães filhotes entre dois e quatro meses de idade e têm se tornado mais populares. Infelizmente, aqui no Brasil, são raros os profissionais que incentivam a prática.

Uma *puppy class* é uma aula voltada para sociabilização e educação para filhotes de cachorro. Essas aulas são destinadas a ensinar aos filhotes as habilidades sociais necessárias para se tornarem cães bem-comportados e equilibrados. A *puppy class* também é uma oportunidade para os tutores de cães aprenderem sobre cuidados básicos, como alimentação, higiene e saúde do filhote. Essas aulas são geralmente ministradas por treinadores profissionais de cães ou por veterinários.

A *puppy class* é uma parte crucial do processo de socialização de um filhote de cachorro. Durante essas aulas, os filhotes são apresentados a outros cães e às pessoas, ajudando-os a desenvolver suas habilidades sociais. Os filhotes também são ensinados a se comportarem em situações sociais, como brincar com outros cães, cumprimentar humanos e seguir comandos básicos. Isso ajuda a prevenir comportamentos problemáticos, como agressão e ansiedade social, mais tarde na vida do cão.

Além disso, as *puppy classes* são uma ótima oportunidade para os tutores de cães aprenderem sobre cuidados básicos e comportamento canino. Os treinadores profissionais de cães ou veterinários podem fornecer conselhos úteis sobre nutrição, exercício, treinamento e saúde do filhote. Eles também podem ajudar os tutores de cães a lidar com problemas comportamentais comuns, como morder e latir em excesso. Em resumo, a *puppy class* é uma ótima maneira de garantir que seu filhote de cachorro comece a vida com o pé direito e se torne um cão saudável, feliz e bem-comportado.

Esses programas apresentam o cachorro a uma variedade de sons, sinais, superfícies, equipamentos e interação com diferentes pessoas e cães, num esforço para assegurar a socialização adequada (KIM *et al.*, 2010). Essas aulas devem ser organizadas e atingir seis objetivos, segundo Coelho (2013):

O primeiro objetivo é a exposição a seres humanos não familiares num ambiente amigável e seguro (COELHO, 2013). O ideal é conseguir expor a diferentes seres humanos, isto é, com diferentes idades, ambos os sexos, diferentes raças ou modos de vestir diferentes (COELHO, 2013). Desta forma, os cachorros vão aceitar um diverso leque de seres humanos como parte normal do seu ambiente (CROWELL-DAVIS, 2007). Arai *et al.* (2011) conduziram um estudo para determinar a importância do contato com crianças durante o período de socialização do cachorro, demonstrando que cachorros que contataram com crianças entre as três e as 12 semanas mostraram-se mais calmos e nunca demonstraram agressividade ou hiperexcitação na presença destes seres, não as sentindo como um estímulo novo e forte (ARAI *et al.*, 2011).

O segundo objetivo é a exposição a membros da mesma espécie e membros de espécies diferentes, podendo usar um gato adulto calmo e amigável ou até um coelho que se sinta confortável junto de cães. Uma das principais aptidões que um cachorro pode aprender no período de socialização com a sua própria espécie é a inibição da mordida. Quando um cachorro morde com demasiada força o seu companheiro de brincadeira, este late ou termina a brincadeira. Isto serve como punição negativa para quem mordeu com demasiada força (COELHO, 2013).

O terceiro objetivo é a exposição a vários objetos como metal, estetoscópios, triciclos, bicicletas, livros ou baldes. Aliás, de fato, os exatos objetos utilizados não são muito importantes, com exceção daqueles usados frequentemente em ambiente hospitalar (COELHO, 2013).

O quarto objetivo é a exposição a diversos novos estímulos (sons, odores e superfícies) sem os associar a experiências de dor ou outras consequências não prazerosas (COELHO, 2013). Essa exposição pode diminuir a intensidade de resposta a novos estímulos no futuro (COELHO, 2013).

O quinto objetivo, apesar de as aulas de socialização não serem aulas de treino e obediência, pode ser benéfico introduzir uma pequena quantidade de educação com técnicas de reforço positivo (CROWELL-DAVIS, 2007). Este treino é útil na aprendizagem de comandos básicos (senta, deita, vem, fica), na aprendizagem de passeios à trela e no controle do animal quando este está sem trela (KUTSUMI *et al.*, 2013).

O último objetivo é a educação do tutor (COELHO, 2013). Estes ensinamentos podem incluir aspectos como saúde e higiene, formas adequadas de medicar o animal, transporte do animal, como usar técnicas simples de treino em casa com reforço positivo ou quais os brinquedos e jogos mais adequados a cada período de idade de um cão (CROWELL-DAVIS, 2007).

Capítulo 7.

O papel dos criadores na sociabilização de filhotes e estratégias para aumentar o valor agregado dos filhotes do seu canil

Muitos criadores se preocupam apenas com a aparência física dos filhotes de seu canil e não enxergam a importância de investir na sociabilização deles. Nesse sentido, é importante que os criadores pensem de forma ampla e busquem melhorar o padrão comportamental e de saúde do seu plantel, sem necessariamente despender muito tempo ou dinheiro.

Um criador consciente deve se preocupar com a genética comportamental dos seus reprodutores, visando a selecionar cães mais calmos, sociáveis e equilibrados. Além disso, é fundamental que o criador se atente ao bem-estar do canil como um todo, garantindo que a estrutura, nutrição e o manejo sejam adequados.

Na maternidade, é importante que o ambiente seja calmo, higienizado e com controle térmico, para que a cadela não passe por estresse.

O estresse na cadela gestante pode ter um impacto negativo na saúde e no comportamento dos filhotes que ela carrega. Isso ocorre porque o estresse libera hormônios, como o cortisol, que podem atravessar a placenta e afetar o desenvolvimento dos filhotes.

A seguir estão alguns dos efeitos negativos que o estresse na cadela gestante pode ter sobre seus filhotes:

Problemas de saúde: o estresse pode prejudicar o desenvolvimento fetal e levar a problemas de saúde, como baixo peso ao nascer, imunossupressão e maior suscetibilidade a infecções.

Comportamento: a exposição ao estresse também pode afetar o comportamento dos filhotes, aumentando a ansiedade e a agressão. Isso pode tornar os filhotes mais difíceis de socializar e treinar.

Habilidades cognitivas: o estresse também pode prejudicar o desenvolvimento cognitivo dos filhotes, afetando a capacidade de aprendizado e memória.

Recomenda-se também o uso do difusor com o hormônio sintético da mãe ou com produtos naturais que acalmam em cada uma das salas de parto, a fim de garantir maior conforto para a fêmea.

Entre os dias 3 e 16-21 de vida, é importante aplicar a estimulação neurológica precoce, que consiste em exercícios estruturados para estimular o sistema neurológico dos filhotes. O programa "Bio Sensor", desenvolvido pelo Dr. Battaglia, é um exemplo de exercícios que podem ser utilizados pelos criadores. Os exercícios envolvem o manuseio dos filhotes uma vez por dia, com estímulos táteis, posicionamento de cabeça e corpo, e estímulos térmicos. Estudos mostraram que a estimulação neurológica precoce traz benefícios como melhoria do desempenho cardiovascular, glândulas suprarrenais mais fortes, maior tolerância ao estresse, maior resistência à doença e melhor desempenho em testes simples de resolução de problemas. Com essas estratégias, os criadores podem melhorar o desempenho de seus filhotes e aumentar o valor agregado deles. Vale ressaltar que, além da genética, o manejo, treinamento e a nutrição também são fundamentais para garantir o sucesso do canil.

Continuando com as estratégias para aumentar o valor agregado dos filhotes do canil, é importante destacar a importância da socialização, que é o processo pelo qual o filhote é exposto a diferentes estímulos e aprende a lidar com eles de maneira positiva. Isso é fundamental para garantir que o filhote se torne um cão adulto equilibrado, sociável e confiante.

O papel do criador na socialização dos filhotes é fundamental. É importante que os filhotes sejam expostos a diferentes estímulos desde cedo, como diferentes pessoas, outros animais, objetos e ambientes. O criador pode começar esse processo desde cedo, incluindo diferentes estímulos no ambiente dos filhotes e permitindo que eles interajam com pessoas e outros animais de forma segura.

Além disso, o criador pode orientar os novos tutores sobre a importância da continuidade do processo de socialização em casa. É importante que os novos tutores continuem a expor o filhote a diferentes estímulos e a socializá-lo adequadamente, para garantir que ele se torne um adulto equilibrado e confiante.

Outra estratégia importante para aumentar o valor agregado dos filhotes do canil é investir em programas de treinamento. Os filhotes podem ser treinados desde cedo, começando com comandos básicos de obediência e evoluindo para atividades mais avançadas, como agilidade e obediência competitiva. Isso pode ajudar a tornar os filhotes mais atraentes para os compradores, que valorizam cães bem treinados e obedientes.

Além disso, o criador pode investir em programas de saúde e bem-estar para seus filhotes. Isso pode incluir o uso de alimentos de alta qualidade, cuidados veterinários regulares e programas de exercícios e atividades físicas. Ao investir em programas de saúde e bem-estar, o criador pode garantir que seus filhotes sejam saudáveis e felizes, o que aumenta o valor agregado dos filhotes.

É importante que o criador seja transparente e honesto sobre os filhotes que vende. Isso inclui fornecer informações sobre a saúde e o temperamento dos animais, bem como garantir que eles sejam criados em condições éticas e adequadas. Ao ser transparente e honesto, o criador pode construir uma reputação positiva e garantir que seus filhotes sejam altamente valorizados pelos compradores.

Os criadores têm à disposição informações que podem ser utilizadas para melhorar o desempenho dos animais que criam. Embora a genética seja responsável por cerca de 35% do desempenho, os outros 65% (manejo, treinamento e nutrição) também têm um papel fundamental nesse resultado (BATTAGLIA, 1982).

Para garantir um bom desenvolvimento dos filhotes, é importante que os criadores socializem e exponham os animais a diversas situações desde cedo. Isso inclui apresentar os filhotes a crianças, pessoas, brinquedos, sons e cheiros variados, além de outros animais. Além disso, é fundamental que os criadores manuseiem e toquem todas as partes da anatomia dos filhotes, desde os primeiros dias de vida. Dessa forma, os filhotes aprendem a se adaptar a diferentes estímulos e, quando adultos, são menos propensos a desenvolver comportamentos tímidos (BATTAGLIA, 1982).

Profissionais do comportamento animal recomendam que os criadores entreguem os filhotes para a nova família somente após 70 dias de vida. Isso permite que eles aprendam com a mãe e os demais membros da ninhada, o que contribui para a adaptação dos animais no novo lar e os ajuda a desenvolver um comportamento sociável e equilibrado.

Uma outra sugestão é que os criadores ofereçam um “dia de festa do filhote”, em que entregam os animais para as famílias em uma data específica. Nesse evento, os criadores podem realizar uma palestra sobre os cuidados básicos com os filhotes, a adaptação ao novo lar, a educação sobre onde fazer xixi e cocô, evitar a destruição de móveis, como lidar com as mordidas e a importância da continuidade do trabalho de socialização dos animais. Além disso, é possível disponibilizar um *e-book* com todos os temas abordados no evento.

Seguindo esses passos, os criadores podem aumentar o valor agregado dos seus filhotes e, consequentemente, do seu canil.

7.1. Estimulação neurológica precoce

Em seu artigo "Early Neurological Stimulation", o Dr. Battaglia descreve o programa "Bio Sensor", que se preocupa com a estimulação neurológica precoce, a fim de dar ao cão uma vantagem superior. Seu desenvolvimento utilizou seis exercícios que foram projetados para estimular o sistema neurológico. Cada treino envolvia o manuseio de filhotes uma vez por dia.

Os exercícios exigiam manuseá-los um de cada vez enquanto realizavam uma série de cinco exercícios. Listado em ordem de preferência, o manipulador começa com um filhote e o estimula usando cada um dos cinco exercícios. O manipulador completa a série do início ao fim antes de começar com o próximo filhote. O manuseio de cada filhote uma vez por dia envolve os seguintes exercícios:

Estimulação tátil (entre os dedos das patas): este exercício envolve a estimulação suave e repetida das almofadas das patas dos filhotes, com o uso de uma pequena escova de dentes ou um cotonete. Isso ajuda a desenvolver a percepção tátil e a consciência corporal dos filhotes.

Estímulo térmico: este exercício envolve a exposição dos filhotes a diferentes temperaturas, como frio e calor, alternando entre uma superfície fria e uma superfície quente. Isso ajuda a desenvolver a capacidade do filhote para regular sua temperatura corporal e aumentar sua resistência a mudanças de temperatura.

Estímulo visual: este exercício envolve a exposição dos filhotes a diferentes estímulos visuais, como luzes brilhantes e sombras em movimento. Isso ajuda a desenvolver a visão dos filhotes e sua capacidade de reconhecer diferentes padrões visuais.

Estímulo auditivo: este exercício envolve a exposição dos filhotes a diferentes sons, como batidas rítmicas ou latidos gravados, para ajudá-los a desenvolver a audição e a habituação a diferentes sons.

Posição supina: este exercício envolve a colocação dos filhotes de barriga para cima por alguns minutos. Isso ajuda a desenvolver sua capacidade de lidar com diferentes posições corporais e a aumentar sua resistência a mudanças de posição. Tempo de estimulação de três a cinco segundos.

Cabeça erguida: com o treinador usando ambas as mãos, o filhote é mantido perpendicularmente ao chão, (reto), de modo que sua cabeça esteja diretamente acima de sua cauda. Esta é uma posição ascendente. Tempo de estimulação de três a cinco segundos.

Cabeça apontada para baixo: segurando o filhote firmemente com as duas mãos, a cabeça é invertida e é apontada para baixo, de modo a apontar para o chão. Tempo de estimulação de três a cinco segundos.

Esses exercícios são realizados diariamente durante o período crítico de desenvolvimento neurológico dos filhotes de cães, ajudando a melhorar suas habilidades cognitivas, físicas e emocionais.

Segundo Battaglia, 1982, cinco benefícios foram observados em caninos que foram expostos aos exercícios de estimulação Bio Sensor:

- Melhoria do desempenho cardiovascular (frequência cardíaca)

- Batimentos cardíacos mais fortes
- Glândulas suprarrenais mais fortes
- Mais tolerância ao estresse
- Maior resistência à doença

Efeitos secundários também foram observados em relação ao desempenho no teste. Em testes simples de resolução de problemas usando desvios em um labirinto, os filhotes não estimulados ficaram extremamente excitados, choramingaram muito e cometeram muitos erros. Seus companheiros de ninhada estimulados foram menos perturbados ou chateados pelas condições do teste. Nas comparações realizadas, os companheiros de ninhada estimulados ficaram mais calmos no ambiente de teste, cometeram menos erros e deram apenas um som de angústia ocasional quando estressados (BATTAGLIA, 1982).

Capítulo 8.

O papel dos médicos-veterinários na sociabilização de filhotes

O médico-veterinário é o principal formador de opinião quando se trata de manejo de filhotes. Sem o aval deste profissional, não teremos sucesso na socialização de filhotes e na aplicação de *puppy classes*.

Você, veterinário, precisa informar melhor seu cliente sobre o período de socialização do filhote e como é possível realizá-la sem colocar o filhote em risco de saúde.

Até hoje, infelizmente, a grande maioria dos profissionais, quando o cliente pergunta sobre quando ele pode sair com o filhote de casa ou levá-lo para tomar banho, ainda diz: "só quando o ciclo vacinal estiver completo".

Veterinário, para que você não cometa mais esse erro, vou lhe mostrar ao longo deste capítulo como instruir seu cliente e ajudá-lo na socialização, além de alguns protocolos que podem e devem ser seguidos durante a consulta desse filhote.

Veterinários são o primeiro ponto de contato para um cliente após a aquisição de um filhote de cachorro, atuando para aconselhamento geral, exames de saúde e vacinas. Além disso, esses profissionais se encontram regularmente com os tutores de filhotes nos períodos de desenvolvimento dos animais, no qual as boas práticas de socialização precisam ocorrer. Essas práticas são fundamentais para moldar o comportamento futuro e devem ser conduzidas de maneira apropriada.

Uma pesquisa na Austrália indicou que aproximadamente 75% dos tutores de cães consideram os veterinários uma valiosa fonte de informações sobre questões relacionadas a animais de estimação. Além disso, mais da metade de todos os tutores indicaram que os veterinários são a melhor fonte de informação.

Esse último resultado é importante, mas também gera alguma preocupação, uma vez que o conhecimento teórico e prático relacionado ao comportamento e bem-estar do cão não são componentes centrais de muitas ciências veterinárias ou currículos de zootecnia.

Uma vez que os problemas comportamentais são uma das principais causas para a renúncia ao animal de estimação, a profissão veterinária precisa ser capaz de fornecer conselhos apropriados relacionados ao comportamento e à socialização, bem como cuidados de saúde preventivos.

Muitos veterinários, sem dúvida, têm uma compreensão intuitiva das melhores práticas de gerenciamento para o comportamento e a socialização do cão com base em sua experiência na prática veterinária e, portanto, podem fornecer aos seus clientes conselhos sólidos. Outros optam por se tornar especialistas em comportamento, realizando estudos adicionais.

Os veterinários podem garantir que não há nenhum problema físico subjacente e encaminhar o tutor para o veterinário comportamentalista, para aconselhamento personalizado sobre como resolver um problema comportamental do animal. Muitos veterinários são, sem dúvida, qualificados para fornecer conselhos sobre a maioria das questões comportamentais. No entanto, para os casos mais incomuns, ou problemas que são particularmente difíceis de resolver usando técnicas típicas, um veterinário comportamentalista pode ser um recurso valioso.

Outra estratégia interessante é a inclusão de aulas para filhotes dentro da clínica veterinária, seja com um veterinário comportamentalista ou com um profissional de comportamento animal.

Em meu Trabalho de Conclusão de Curso da pós-graduação em Comportamento Animal, realizei uma pesquisa por meio de perguntas para médicos-veterinários e tutores de cães. O questionário foi enviado para 733 médicos-veterinários, dos quais somente 19 responderam, representando 2,5% do total; e para 478 tutores, dos quais somente 51 responderam, representando 10,7% do total. A pesquisa foi realizada em 2017 e as perguntas foram de múltipla escolha.

Entre as perguntas realizadas para os médicos-veterinários, foi possível identificar que cerca de 73,68% deles afirmaram ter conhecimento sobre o comportamento de cães. Além disso, a mesma porcentagem (73,68%) disse saber o que é socialização primária; e 68,42% afirmaram passar informações sobre comportamento e adestramento/comportamento durante as consultas. Outra questão relevante foi sobre a importância da socialização primária na prevenção de comportamentos indesejados, na qual 63,16% dos médicos-veterinários disseram ter conhecimento. Porém, apenas 42,11% indicaram iniciar o trabalho de adestramento até o terceiro mês de idade do animal; e mais de 60% não sabiam o que é uma *puppy class*.

Quando questionados sobre como orientam os tutores que os procuram para resolver problemas comportamentais do cão, 63,16% dos médicos-veterinários responderam que indicam um adestrador. Quase todos os médicos-veterinários (94%) afirmaram ter entendido todas as perguntas do questionário.

Já entre as perguntas realizadas para os tutores, foi possível identificar que a maioria (60%) dos cães chegou às suas casas com idade entre 30 e 60 dias; e que a maioria (94%) já teve experiência de ter outro cão em casa. Porém, apenas 68% dos tutores sabiam a idade ideal para iniciar a educação/socialização de seus cães; e nenhum deles recebeu informações sobre comportamento e adestramento do médico-veterinário. Além disso, 88% dos tutores não sabiam o que é socialização primária e sua importância para o cão. A maioria dos tutores (59%) julgou a socialização como a medida mais importante para a prevenção de problemas comportamentais.

A pesquisa ainda revelou que 43% dos tutores acreditam que os filhotes devem ser retirados da ninhada com 45 dias; e 35%, com 60 dias. Apenas 22% dos tutores sabiam o que é uma *puppy class*. Quase todos os tutores (96%) afirmaram ter entendido claramente todas as perguntas do questionário.

Portanto, a pesquisa indicou a importância de haver maior conscientização por parte dos médicos-veterinários e tutores em relação ao comportamento animal e à importância da socialização primária na prevenção de problemas comportamentais em cães.

Embora tenha recebido poucas respostas ao questionário, foi possível identificar um conflito significativo entre as respostas dos médicos-veterinários e dos tutores, especialmente em relação às questões 3, 6 e 7 e 3,4, 7, 8 e 9 de seus respectivos questionários.

Ao perguntar se informações sobre comportamento e adestramento são fornecidas durante a consulta, constatou-se que 68,42% dos médicos-veterinários responderam afirmativamente, enquanto 100% dos tutores responderam negativamente. Além disso, 52% dos médicos-veterinários não sabem o que é uma *puppy class*, embora desejem receber informações sobre ela.

Quando questionados sobre a idade ideal para iniciar o adestramento, 78,95% dos médicos- veterinários afirmaram que a faixa etária ideal seria desde o nascimento até o sexto mês de idade, o que entra em conflito com a resposta de 68,63% dos tutores, que afirmaram não saber qual é a idade ideal para começar a educar seus cães.

Outra questão importante que causou conflito foi a socialização primária, sobre a qual 88,24% dos tutores não sabiam o que é e sua importância. Em contraste, 63,16% dos médicos-veterinários afirmaram conhecer a importância da socialização primária na prevenção de comportamentos indesejados; e 68,42% disseram fornecer informações sobre comportamento e adestramento durante a consulta.

Por fim, observamos que 40% e 41,3% dos tutores consideram o convívio com crianças e o treinamento de obediência, respectivamente, muito importantes nos cuidados com cães nos primeiros três meses de vida.

É importante ressaltar que esses resultados podem indicar uma possível falta de comunicação e alinhamento entre os médicos-veterinários e os tutores, o que pode afetar a saúde e o bem-estar dos cães. Portanto, é necessário um esforço para melhorar a comunicação e o compartilhamento de informações relevantes entre esses dois grupos.

Em sua pesquisa, Coelho (2013) diz que existe uma grande falha nos conhecimentos dos tutores de cães sobre a saúde e o comportamento do cachorro bem como sobre a medicina veterinária preventiva. Assim, parece vigente a necessidade de criação de plataformas que permitam o contato e a transmissão de informações aos clientes fora do ambiente de consulta pediátrica, de forma a produzir tutores informados, conscientes e educados.

Coelho (2013) concluiu também que as aulas de socialização podem ser eficazes para alcançar este objetivo bem como um meio que beneficia o cão, o cliente, a instituição veterinária e o médico-veterinário. De fato, as aulas de socialização pretendem ser uma ferramenta útil para que esses profissionais possam desempenhar suas funções e responsabilidades de uma forma mais completa, respondendo à evolução da relação entre o homem e o cão, bem como à constante evolução da medicina veterinária. Para além disso, esse tipo de programa pode ser um excelente meio de prosseguir com futuros estudos, tanto na área comportamental como na área da saúde pública. Concluiu ainda que seu projeto pode abranger e ajudar os possíveis colegas interessados em desenvolver esse tipo de programa de socialização para cachorros, uma vez que está desenhado de forma a ser passível de adaptações, servindo apenas como modelo/*guidelines* para qualquer hospital ou clínica veterinária.

Coelho (2013) ainda expõe outro argumento, no qual a relação entre o ser humano e o cão vem sendo construída há milhares de anos, culminando, no século XXI, numa proximidade ímpar, que implica não só uma ligação social e afetiva como também uma ligação entre a saúde dos dois intervenientes e entre estes e o ambiente que os envolve.

Desta forma, nos dias de hoje, a responsabilidade do médico-veterinário não se cinge apenas à saúde animal, mas estende-se também à saúde dos seus clientes, isto é, à saúde pública. Portanto, pode concluir-se que urge a necessidade de abordar e explorar esta temática, procurando solucionar os variados problemas que possam brotar desta proximidade.

Segundo Seksel (2010), os médicos-veterinários devem proporcionar aos seus clientes conhecimentos científicos atualizados sobre socialização, comportamento e organização social da espécie canina. E diz ainda que os médicos-veterinários são responsáveis pela saúde psicológica e física dos seus pacientes. Para promover o bem-estar dos animais é essencial que o clínico forneça um aconselhamento atualizado a criadores e tutores de cachorros sobre a importância da socialização.

Este trabalho é fundamental para que possamos ter um panorama sobre se médicos- veterinários e a população em geral compreendem a importância da sociabilização e das *puppy classes* no desenvolvimento comportamental de cães. Através dessa pesquisa, foi concluído que existe uma falha de comunicação entre os tutores de cães e seus médicos-veterinários quando se trata de informações sobre comportamento e socialização de filhotes. Embora os médicos-veterinários possuam conhecimento sobre o assunto, eles não estão repassando esse conhecimento para seus clientes, o que justifica o desconhecimento da população a respeito desses temas.

Com base nesses resultados, podemos orientar os clínicos veterinários a compartilharem essas informações com seus clientes, resultando em uma maior aproximação e confiança entre eles. Além disso, essa pode ser uma oportunidade para os clínicos veterinários oferecerem mais um serviço em suas clínicas, colaborando assim com o desenvolvimento saudável tanto físico quanto comportamental dos cães.

Portanto, como médico-veterinário, é importante que você esteja ciente da sua importância na socialização do filhote. Quando um cliente lhe perguntar quando deve sair com o filhote, você pode orientá-lo com as seguintes regras:

- Ter ao menos uma ou duas doses de vacinas aplicadas, além do atestado de saúde;
- Não colocar o filhote no chão de praças, parques, *shoppings* ou em qualquer outro chão de locais públicos;

- Frequente locais públicos com seu filhote, mas mantenha-o em seu colo, na caixa de transporte ou no carrinho;
- Leve o filhote para visitar amigos e parentes que tenham cães ou outros pets, mas certifique-se de que esses pets estejam vacinados e não apresentem nenhuma doença infectocontagiosa, como gripe ou giárdia;
- Não force a interação do filhote com pessoas e outros pets. Apenas permita que ele veja e sinta o cheiro, oferecendo um petisco para ele se acalmar. Procure apresentá-los calmamente, um de cada vez;
- Siga corretamente os seis passos para socializar seu filhote e prepará-lo para o mundo;
- Anote no *checklist* de socialização tudo o que está fazendo com seu filhote;
- Matricule você e seu filhote em uma *puppy class*. Se você não sabe o que é ou não aplica a *puppy class*, consulte a página www.puppyclassbrasil.com.br para encontrar uma próxima de você.
- Lembre-se de que a socialização primária e as *puppy classes* são fundamentais para o desenvolvimento comportamental saudável dos cães e que, como médico-veterinário, você pode desempenhar um papel importante na conscientização e orientação dos tutores de cães sobre esses temas.

8.1. Como tornar sua consulta agradável para o filhote

Ao preparar o consultório para receber um filhote, é importante considerar que a experiência pode ser estressante para o animal. Por isso, alguns cuidados devem ser tomados para garantir que ele se sinta confortável e seguro durante a consulta.

Antes mesmo da chegada do filhote, é importante preparar o ambiente com petiscos de carne e tapetes higiênicos espalhados pelo chão. Além disso, um casco bovino recheado com algo bem atrativo para o filhote, sachês para filhotes, banana amassada, entre outras opções, podem ser oferecidos para que o animal se sinta mais à vontade.

Para evitar que o filhote fique estressado com a sensação gelada da mesa de atendimento, é possível colocar um tapete nela e utilizar um spray com cheiros que acalmam 15 minutos antes da consulta. Além disso, utilizar um difusor no consultório também pode ajudar a deixar o filhote mais tranquilo.

Ao receber o cliente com o filhote no colo, é importante pedir para que o animal seja colocado no chão, para que ele possa conhecer o ambiente e se familiarizar com o cheiro e os sons do consultório. Enquanto o filhote explora o espaço, o veterinário pode conversar com o cliente sobre vacinas, vermifugação e outras dicas gerais de adestramento e socialização.

Após alguns minutos, o filhote pode ser colocado na mesa de atendimento, onde será oferecido o casco recheado. Enquanto o animal se delicia com o petisco, o veterinário pode começar a tocar em suas patas, orelhas, unhas e na cauda, sempre com calma e suavidade. É importante que o filhote se sinta confortável e seguro durante todo o procedimento.

Para preparar o filhote para procedimentos futuros, é possível simular durante a consulta outros procedimentos, como a aplicação de medicamentos ou a realização de exames. Utilizar petiscos e brinquedos recheados pode ajudar a condicionar o filhote a essas situações e garantir que ele não reaja com medo ou agressividade.

Por fim, é importante que você, veterinário, interaja com o filhote durante toda a consulta, utilizando brinquedos e petiscos para estimular o animal e tornar a experiência mais agradável. Com esses cuidados, é possível garantir que o filhote se sinta confortável e seguro e que esteja preparado para futuros procedimentos.

8.2. *Puppy class*: a estratégia inovadora para agregar valor à sua clínica e se diferenciar da concorrência e como divulgar e vender sua *puppy class* sendo médico-veterinário

Queridos parceiros veterinários, anteriormente, falamos sobre como agregar valor à sua consulta pediátrica, oferecendo serviços adicionais aos seus clientes. Neste capítulo, vamos falar sobre uma estratégia inovadora que pode ajudar você a se diferenciar da concorrência e conquistar novos clientes: a *puppy class*.

Para quem não sabe, a *puppy class* é uma atividade que tem como objetivo socializar os filhotes de cães, condicioná-los a rotinas veterinárias e ensinar alguns comandos básicos de adestramento. Essa técnica é muito comum em países como os Estados Unidos, onde até *pet shops* possuem espaços próprios para as aulas.

Oferecer uma *puppy class* em sua clínica veterinária pode ser um grande diferencial para conquistar clientes que estão entusiasmados e cheios de dúvidas sobre como cuidar de seus filhotes. Além disso, essa atividade demonstra aos clientes que você se preocupa não apenas com a saúde física de seus pets, mas também com o comportamento e bem-estar deles.

Para promover e vender sua *puppy class*, você pode incluir a oferta desse serviço durante a consulta pediátrica e oferecer um *e-book* com dicas de socialização, cuidados com a saúde, ciclo vacinal, vermifugação e adestramento básico. Esses são serviços adicionais que podem agregar valor à sua consulta e ajudá-lo a faturar mais.

Mas, lembre-se, ofereça esses serviços adicionais apenas se estiver preparado para atender às expectativas de seus clientes. O *e-book*, por exemplo, é um guia complementar que deve ser utilizado para orientar seus clientes e agregar valor à sua consulta.

Outra forma de agregar muito valor a sua clínica é promover um dia de festa para filhotes, convidando alguns clientes que têm filhotes para irem até sua clínica em um dia e horário específicos. Nesse evento, você pode falar mais sobre os benefícios da *puppy class* e tirar dúvidas gerais sobre saúde, adestramento e comportamento.

Você também pode se tornar pioneiro na sua região, aplicando as *puppy classes* em sua clínica ou fazendo parcerias com instrutores especializados na técnica. A PuppyClassBrasil, por exemplo, já formou profissionais em várias regiões do país e pode ajudar você a implementar esse serviço inovador em sua clínica.

Por fim, vale ressaltar que oferecer uma *puppy class* em sua clínica veterinária não só pode ajudar você a se diferenciar da concorrência, mas também a ter cães mais equilibrados, sociáveis e condicionados a todas as rotinas veterinárias, facilitando o seu atendimento em consultas, exames e banho e tosa.

Espero que essas dicas tenham sido úteis para vocês, médicos-veterinários, e que possam ajudá-los a se destacarem no mercado e oferecer serviços de qualidade aos seus clientes.

Capítulo 9.

O papel dos profissionais do comportamento canino na sociabilização de filhotes

Os profissionais do comportamento canino desempenham um papel crucial na sociabilização de filhotes. Além de promover aulas individualizadas e em grupos, eles devem estruturá-las com base nos seis objetivos de uma *puppy class*, que são essenciais para o trabalho de sociabilização de filhotes como um todo.

No entanto, é importante que esses profissionais também eduquem e conscientizem criadores, médicos-veterinários e tutores sobre a importância da sociabilização de filhotes. Os veterinários, em particular, são os principais formadores de opinião para os clientes, e seus conselhos podem influenciar significativamente as decisões dos tutores.

Para se destacar no mercado de trabalho com filhotes, é essencial que os profissionais do comportamento canino façam parcerias com criadores, visitem médicos-veterinários e mostrem seu trabalho. É importante enfatizar os benefícios da sociabilização de filhotes e da participação em uma *puppy class* para os tutores, para que eles possam ser fortes aliados no processo.

Além disso, é fundamental que os profissionais do comportamento canino sigam rigorosos protocolos sanitários em suas aulas individuais e em grupo, a fim de evitar a propagação de doenças entre os filhotes. Dessa forma, eles podem tranquilizar os veterinários e tutores sobre a segurança das atividades de sociabilização e tornar seu trabalho ainda mais valorizado.

Outro ponto importante a ser destacado é que os profissionais do comportamento canino devem ter conhecimento sobre as diferentes raças de cães e suas características, para poderem adaptar as aulas e técnicas de sociabilização de acordo com cada animal. É necessário compreender que cada raça tem o próprio temperamento, as necessidades e os desafios específicos, e que essas diferenças devem ser levadas em consideração durante o processo de sociabilização.

Além disso, os profissionais do comportamento canino devem estar atualizados sobre as últimas pesquisas e técnicas de treinamento e sociabilização de filhotes.

Devem ter habilidades de comunicação e empatia para poderem se conectar com os tutores e entender as necessidades específicas deles e de cada filhote. Eles devem ser capazes de oferecer um ambiente seguro e acolhedor para os filhotes e seus tutores, criando uma relação de confiança e respeito mútuo.

Em resumo, os profissionais do comportamento canino desempenham um papel crucial na sociabilização de filhotes e devem estar comprometidos em educar e conscientizar criadores, médicos-veterinários e tutores sobre a importância desse processo. Eles também devem seguir rigorosos protocolos sanitários, adaptar as aulas de acordo com as diferentes raças e características dos filhotes, estar atualizados sobre as últimas técnicas de treinamento e sociabilização e ter habilidades de comunicação e empatia para se conectar com os tutores e filhotes.

9.1. Aprenda como a *puppy class* pode ser a chave para você se tornar uma referência em treinamento de filhotes e impulsionar sua carreira como adestrador e como vender aulas de *puppy class*, sem ter um espaço

Neste capítulo, mostrarei estratégias para ajudá-lo a se destacar no treinamento de filhotes e tornar-se uma referência nessa área. Além disso, este tópico faz parte de uma palestra minha com o mesmo título, na qual abordo esse assunto com mais detalhes.

Para começar, é fundamental ler bastante sobre o período de socialização de filhotes, imunidade e técnicas de adestramento. Recomendo que você leia este livro na íntegra e outros materiais sobre filhotes, participe de palestras, cursos e seminários. Além disso, minha mentoria pode ajudá-lo a obter toda a estrutura necessária para atuar com filhotes.

É importante vender diferentes serviços para diferentes públicos. Os públicos-alvo são tutores, veterinários e criadores, e esse nicho é grande e mal explorado. Para explorá-lo, você precisa realizar uma pesquisa de mercado e entrar em contato com pelo menos cinco criadores e cinco médicos-veterinários para perguntar se eles conhecem sobre a cultura *puppy*, *puppy classes* e como isso pode ajudar a formar cães equilibrados, sociáveis e educados. Você pode apresentar os benefícios contidos neste livro e oferecer soluções específicas para cada público.

Para os criadores, você pode oferecer serviços como estimulação neurológica precoce dos filhotes, sociabilização primária, organização e realização de palestras para os clientes, como a "*puppy party*" ou "festas de filhotes", e escrever um *e-book*.

Para médicos-veterinários, em clínicas e hospitais, você pode oferecer aulas para ensinar os exercícios que eles podem realizar durante a consulta, além de palestras com temas sobre filhotes (como xixi, cocô, mordidas e socialização), escrever um *e-book*, organizar e realizar as festas de filhotes, realizar atendimentos individualizados na clínica ou aplicar *puppy classes* na própria clínica, em uma sala apropriada, aproveitando vários setores do local para isso.

Para os tutores, você pode oferecer programas de aulas individualizadas, de acordo com o interesse do cliente, e a *puppy class*, em seu ambiente ou em um espaço adequado de um parceiro, como um veterinário ou criador.

Com essas estratégias, você pode se tornar uma referência em treinamento de filhotes e impulsionar sua carreira como adestrador.

Capítulo 10.

O papel dos tutores na sociabilização de filhotes

A sociabilização é um processo que começa cedo na vida de um filhote e é crucial para garantir que o animal de estimação se torne um adulto equilibrado e bem ajustado. Através da sociabilização, os filhotes aprendem a responder adequadamente a diferentes situações e estímulos, incluindo outros animais, pessoas, objetos e ambientes. Isso ajuda a evitar problemas comportamentais no futuro e a garantir que o filhote possa desfrutar de uma vida saudável e feliz.

Os tutores desempenham um papel fundamental na sociabilização dos filhotes, pois são responsáveis por expor o animal a diferentes estímulos e por garantir que essas experiências sejam positivas e controladas. Isso inclui apresentar o filhote a diferentes pessoas, animais e ambientes, bem como ensiná-lo a se comportar de maneira adequada em diferentes situações.

No entanto, a sociabilização deve ser realizada com cuidado, de forma gradual e positiva. É importante que o filhote seja apresentado a novos estímulos de maneira controlada, para evitar traumas ou medos que possam afetar sua saúde mental e física no futuro.

Para ajudar os tutores no processo de sociabilização, existem muitos recursos disponíveis, incluindo livros, guias *on-line*, vídeos e treinadores especializados em sociabilização de filhotes. Além disso, é importante que os tutores sejam pacientes e persistentes, e estejam dispostos a dedicar tempo e esforço para garantir que seu filhote seja adequadamente sociabilizado.

Em resumo, a sociabilização é um processo importante para garantir a saúde e o bem-estar dos filhotes. Os tutores desempenham um papel crucial nesse processo e devem estar cientes da importância da sociabilização e das diferentes atividades que devem ser realizadas para garantir uma sociabilização adequada. Com o cuidado e o esforço adequados, os tutores podem garantir que seus filhotes se tornem animais de estimação felizes, saudáveis e bem ajustados.

Lembre-se de que ele está empolgado e com muitas dúvidas, então, aproveite esse momento e ajude-o; assim, seu trabalho será recompensado.

Para você que é tutor ou profissional, o próximo capítulo refere-se aos seis passos que devemos seguir para sociabilizar um filhote.

Capítulo 11.

Seis passos para socializar um filhote e prepará-lo para o mundo

Como sabemos, a sociabilização de filhotes é uma parte essencial do desenvolvimento do seu cachorro. Suas pequenas mentes estão absorvendo informações e formando comportamentos que permanecerão com eles pelo resto de suas vidas. É a época de rápido desenvolvimento dos padrões comportamentais, ou seja, o que acontece com o filhote neste período influenciará diretamente nos padrões comportamentais quando adulto.

Podemos dividir o período de sociabilização em dois:

- **Período primário:** que se estende entre a 3ª a 7ª semana de vida (papel do criador).
- **Período secundário:** que se estende entre a 8ª a 16ª semana de vida (papel do veterinário, tutor e dos profissionais).

Portanto, esse período é fundamental para desenvolver um cão equilibrado e prevenirmos desvios comportamentais, como medo, ansiedade, agressividade, entre outros.

Agora, vamos aos seis passos para socializar um filhote.

Passo 1 - Comece a socialização desde o primeiro dia em casa

Quando escutar de alguém que você não deve sair com seu filhote enquanto o ciclo vacinal não está completo, não diga nada, apenas ignore. Porque você pode e deve sim sair e socializar seu filhote com o mundo, e garanto que, de maneira muito segura, vai preveni-lo de doenças e principalmente de problemas comportamentais. De três a 16 semanas de idade, os filhotes passam por uma fase de atitude destemida, são bastante curiosos e querem fazer o máximo possível. Eles não experimentam muito medo durante esse estágio e são muito receptivos a novas experiências. Obviamente, a socialização precisa continuar para sempre, mas você deve dedicar ativamente várias horas por dia para socializar seu cão durante essas poucas semanas. Dessa forma, você vai se poupar de muitos problemas e muitas dificuldades nos próximos anos.

Passo 2 - Segurança e controle

Como socializar um filhote que não está com as vacinas completas sem colocá-lo em risco de saúde? Você só irá socializar com cães e outros pets saudáveis, e em um ambiente controlado. Idas ao *shopping* são bem-vindas, desde que seu filhote esteja no colo; idas a casas de amigos e familiares também são ótimas opções para socializá-lo; e temos as *puppy classes*, que são escolinhas de filhotes que irão ajudá-lo em todo esse processo. O maior risco é seu filhote ter contato com animais com doenças contagiosas, ou xixis e cocôs de animais doentes. E isso podemos também controlar. Socializar um filhote não significa deixar seu cão sem coleira no meio de uma multidão por algumas horas. Não. Você só terá uma sessão de socialização quando puder controlar tudo: seu cão, mas também os atores externos, como as pessoas, os animais de estimação, os objetos, os ruídos.

Não imponha seu cão a pessoas aleatórias em um café; deixe-as saber que você está socializando com seu cão, para que elas sejam gentis, e certifique-se de que é um momento agradável para o cão e o estranho aleatório. Embora os filhotes de oito a 16 semanas de idade não tenham medo com frequência, algumas situações podem se tornar desconfortáveis para eles e, portanto, exigir sua intervenção para aliviar esse desconforto. Parar a sessão, retirar seus filhos ou convidados, ou colocar seu filhote longe por alguns minutos, muitas ações podem ser exigidas. Então, você deve ser capaz de controlar a situação. Seu cão deve saber que pode contar com você se as coisas se tornarem irritantes, cansativas ou desagradáveis. Assim, ele ou ela vai aprender a não usar agressividade ou ansiedade para se livrar de uma situação difícil.

Passo 3 - Deve ser agradável

Como explicado anteriormente, a socialização é sobre fazer o cão entender que, quando isso acontece, tudo está bem, independentemente de como isso é — um pouco irritante, alto, fedorento ou estranho. Portanto, a tudo o que seu cão é confrontado deve permanecer agradável, é sempre melhor começar gradualmente. Se você quiser que seu filhote seja socializado com o barulho do secador, comece com o aparelho em outra sala fechada e, em seguida, aproxime cada vez mais do filhote. Se você quiser acostumá-lo a estar cercado por 10 cães grandes, comece com um cão, depois dois, depois quatro e aumente até atingir seu objetivo. Cada exercício deve ser agradável e sem imposição para o filhote. Você nunca deve forçar um filhote a confrontar seus medos; em vez disso, deve associar situações temidas com reforço positivo. Por exemplo, se o seu filhote está aterrorizado com um ônibus, seria muito legal dar a ele um petisco e um abraço sempre que um ônibus passar. Seja criativo e cuidadoso!

Passo 4 – Seja consistente

Muitos tutores de filhotes realizam algumas atividades na socialização de seus cães por um mês ou apenas nas primeiras semanas. Não é disso que se trata a consistência. Você tem que manter uma lista das novas experiências com as quais confrontou seu cão e continuar misturando as coisas nos próximos dias e nas semanas seguintes. Obviamente, você pode adicionar coisas relevantes ao seu estilo de vida, mas é simplesmente para lhe dar suporte durante essas novas experiências.

Passo 5 – Generalizações

Para explicar o que é generalizar e sua importância no processo de socialização, vamos usar um exemplo. Seu filhote pode se dar bem com seu gato em casa, mas pode reagir mal seis meses depois com um gato aleatório, no parque. Generalização é estar geralmente confiante em uma determinada situação, independentemente de novos fatores externos. Para provar a socialização do seu cão a uma determinada experiência, repita cada situação em um novo ambiente, para que o filhote seja socializado para uma variedade de situações desconhecidas com estímulos familiares. É aqui que se torna complicado, porque as combinações são ilimitadas. Então, você deve usar o bom senso e listar o que é o seu estilo de vida. Se você mora na cidade, os requisitos serão diferentes daqueles que moram isolados em uma casa de campo. Ruídos, animais, clima e tantas coisas serão diferentes. No entanto, se um dia você quiser escapar da cidade e visitar o campo, seu cão ainda deve estar bem. Esteja pronto para ir aonde você geralmente não vai, apenas por precaução. Por exemplo, visite cafés, restaurantes tranquilos, parques para cães, ruas movimentadas, e, em seguida, faça tudo de novo à noite, com amigos altos, gordos, baixos, barulhentos e quietos.

Passo 6 - Evite animais de estimação desconhecidos

Como abordado anteriormente, o início da fase de socialização começa cedo, o que também coincide com o período em que o filhote é mais vulnerável a parasitas e vírus. Evite contatos com animais de estimação aleatórios e favoreça gatos, cães e outros animais que você sabe que pertencem a tutores responsáveis, que estão atualizados com seu calendário de vacinação. É para o bem do seu filhote, pois o sistema imunológico não é eficiente o suficiente para ser confrontado com infecções graves. Além disso, você quer manter a experiência agradável, portanto, certifique-se de que os animais de estimação que estão encontrando seu filhote tenham um temperamento saudável e sejam brincalhões em vez de agressivos. Se você estiver conhecendo cães grandes, tenha cuidado para que eles não derrubem seu filhote sem querer!

11.1. *Checklist* de sociabilização de filhotes

Desenvolvi este *checklist* com base na regra dos doze para filhotes, socialização correta dos cães de acordo com a teoria de Margaret Hughes, com o objetivo de auxiliar veterinários, criadores, adestradores e tutores na importante tarefa de sociabilizar adequadamente seus filhotes. Com este guia, pretendo esclarecer todos sobre quais são os passos necessários para alcançar o sucesso nesse processo.

Manuseio do corpo - acariciar o filhote de 16 maneiras diferentes

O manuseio do corpo é uma prática essencial para o desenvolvimento saudável de filhotes e jovens animais. Acariciar o filhote de 16 maneiras diferentes pode parecer uma tarefa simples, mas essa ação proporciona diversos benefícios para a saúde física e emocional do animal.

Ao manusear o corpo do filhote, você pode ajudá-lo a se familiarizar com o toque humano, o que pode aumentar sua confiança e melhorar sua socialização. Além disso, essa ação também ajuda a detectar quaisquer problemas físicos ou de saúde podem estar afetando o animal.

Acima de tudo, acariciar o filhote de 16 maneiras diferentes pode ser uma forma de construir uma conexão emocional com ele, o que é fundamental para o desenvolvimento de um vínculo forte e duradouro entre o tutor e o pet. Essa conexão pode levar a uma melhor comunicação e a uma relação mais saudável e feliz para ambos.

Portanto, é importante dedicar tempo e atenção ao manuseio do corpo do filhote, proporcionando a ele um ambiente seguro e acolhedor para crescer e se desenvolver. Afinal, cuidar bem do corpo é essencial para garantir a saúde e o bem-estar do animal e promover uma vida feliz e saudável.

Verifique os ouvidos deles com as mãos.
Toque os ouvidos com um cotonete.
Toque os ouvidos com uma pinça metálica ou caneta com tampa.
Examine a boca, e as gengivas, abrindo-a suavemente.
Abra as pálpebras.
Aperte as patas.

Manuseamento e corte das unhas.
Aperte a pele em diversos pontos do corpo.
Segure-o em seus braços.
Abrace seu filhote de cachorro.
Segure o filhote pelas costas, segurando-o pela coleira.
Toque a cauda do filhote, simulando que ele está recebendo uma vacina.
Toque o corpo do filhote com uma tesoura.
Toque o filhote com uma toalha.
Toque o filhote com uma máquina de tosa ou de cabelo/barba sem ligar.

Pessoas desconhecidas — conhecer 16 pessoas diferentes

Como vimos nos capítulos iniciais, a socialização é uma etapa fundamental para o desenvolvimento saudável de um filhote, e isso inclui a interação com pessoas desconhecidas. Conhecer 16 pessoas diferentes pode parecer uma tarefa difícil, mas essa ação pode trazer diversos benefícios para a vida do animal.

Ao socializar o filhote com pessoas desconhecidas, você está ajudando-o a se tornar mais confiante e sociável, o que pode ser essencial para sua interação com outros animais e outras pessoas no futuro. Além disso, essa exposição pode ajudar o filhote a entender vários tipos de comportamento humano e a se adaptar melhor a diferentes ambientes e situações.

Também é importante lembrar que a socialização é uma etapa crucial para evitar comportamentos indesejados e problemas de comportamento no futuro, como agressividade e medo excessivo. A falta de socialização pode levar a um comportamento inadequado e dificultar a convivência do animal com outras pessoas e outros animais.

Conhecer 16 pessoas diferentes não precisa ser uma tarefa difícil ou complexa. Você pode levar o filhote para passear em lugares movimentados, apresentá-lo a amigos e familiares, ou até mesmo participar de eventos de socialização canina. O importante é garantir que o filhote esteja seguro e confortável durante todo o processo.

Em resumo, a socialização com pessoas desconhecidas é uma etapa fundamental para o desenvolvimento saudável e equilibrado do filhote.

Mulheres
Crianças
Homens com barba
Pessoas usando capacete
Pessoas usando uniforme
Pessoas usando óculos
Pessoas usando chapéus
Pessoas usando mochilas
Pessoas cadeirantes
Pessoas usando bengala
Pessoas correndo
Crianças correndo
Pessoas andando de bicicleta
Pessoas andando de moto
Adolescentes
Idosos

Caminhar em 12 superfícies diferentes

A socialização consiste em expor o filhote a uma variedade de experiências e estímulos desde cedo, a fim de que ele se adapte e se acostume com diversas situações e ambientes.

Ao permitir que o filhote caminhe em 12 superfícies distintas, ele será exposto a diferentes texturas, cheiros e sons, o que é crucial para o desenvolvimento de sua capacidade de adaptação. Essas superfícies incluem grama, concreto, madeira, pedras, tapetes, entre outras. Essa diversidade pode auxiliar na prevenção de comportamentos indesejados, como medo excessivo, agressividade e ansiedade.

Além disso, caminhar em superfícies diversas contribui para estimular o desenvolvimento motor do filhote, ajudando-o a aprimorar sua coordenação, seu equilíbrio e sua força muscular. Esse aspecto pode ser especialmente importante para filhotes de raças grandes, que necessitam de força e equilíbrio para lidar com seu tamanho.

No entanto, é fundamental lembrar que a exposição a diferentes superfícies deve ocorrer gradualmente e de forma segura, para evitar lesões ou traumas emocionais. É essencial que o filhote esteja sempre acompanhado e sob supervisão durante o processo de socialização.

Resumidamente, permitir que o filhote caminhe em 12 superfícies diferentes pode ajudá-lo a se adaptar a diversas situações e ambientes, além de estimular seu desenvolvimento motor. A socialização precoce e segura é fundamental para garantir que o filhote se torne um animal feliz, saudável e bem-adaptado.

Gramado
Gramado sintético
Terra seca
Terra molhada
Piso frio
Pedregulho

Asfalto
Calçada
Borracha (tipo EVA)
Ferro (tipo grelha de ralo)
Cerâmica
Taco madeira

Brincar com 12 itens diferentes

A socialização envolve expor o filhote a uma variedade de estímulos, experiências e objetos desde uma idade precoce, para que ele possa se adaptar e se acostumar com diferentes situações e estímulos.

Ao interagir com 12 objetos diferentes, o filhote é exposto a diversas texturas, cheiros e formas, o que é essencial para o desenvolvimento de sua capacidade de adaptação. Esses objetos podem incluir bolas, brinquedos de corda, pelúcias, itens sonoros, entre outros. Essa variedade de brinquedos pode ajudar a prevenir comportamentos indesejados, como destruição de objetos, ansiedade e tédio.

Além disso, brincar com diferentes objetos pode ser uma forma de estimular o desenvolvimento cognitivo do filhote, auxiliando-o a aprender a resolver problemas, aprimorar habilidades motoras e desenvolver sua inteligência emocional.

No entanto, é importante lembrar que a exposição a diferentes objetos deve ocorrer gradualmente e de maneira segura, para evitar lesões ou traumas emocionais. É essencial que o filhote esteja sempre acompanhado e supervisionado durante o processo de socialização.

Em resumo, interagir com 12 objetos diferentes pode ser uma maneira de ajudar o filhote a se adaptar a diversas situações e estímulos, além de trabalhar seu desenvolvimento cognitivo. A socialização precoce e segura é fundamental para garantir que o filhote se torne um animal feliz, saudável e bem-adaptado.

Bola de plástico
Bola de tênis
Corda
Garrafa pet
Caixa de papelão
Caixa de ovo
Casco bovino
Chifre bovino
Brinquedos de *nylon* (TOTEM, 4DOGS, ÁTOMO - Pet Games)
PETBALL e REDONDOG (Pet Games)
Brinquedos recheáveis Pet Games (MONSTRINHO, BONEQUINHA e CORUJINHA)

Conhecer 12 lugares diferentes

A socialização envolve expor o filhote a uma variedade de ambientes desde uma idade precoce, para que ele possa se adaptar e se acostumar com diferentes situações e lugares.

Ao explorar 12 locais diferentes, o filhote é exposto a uma variedade de cheiros, sons, texturas e estímulos, o que é crucial para o desenvolvimento da sua capacidade de adaptação. Esses locais podem incluir parques, ruas movimentadas, lojas, praias e outros. Essa diversidade de ambientes pode ajudar a evitar comportamentos indesejados, como medo excessivo, agressividade e ansiedade.

Além disso, a exposição a diferentes lugares pode estimular o desenvolvimento cognitivo e emocional do filhote, ajudando-o a aprender a lidar com novas situações e a se adaptar a diferentes pessoas e ambientes.

No entanto, é importante lembrar que a exposição a diferentes locais deve ocorrer gradualmente e de forma segura, para evitar lesões ou traumas emocionais. É essencial que o filhote esteja sempre acompanhado e sob supervisão durante o processo de socialização.

Em resumo, explorar 12 locais diferentes pode ser uma maneira de ajudar o filhote a se adaptar a diversas situações e ambientes, além de estimular seu desenvolvimento cognitivo e emocional. A socialização precoce e segura é fundamental para garantir que o filhote se torne um animal feliz, saudável e bem-adaptado.

Praça
Shopping
Pet shop
Clínica veterinária

Casa de amigos
Parque
Escola
Café
Restaurante
Clube
Hotel
Posto de gasolina

Anote tudo a mais que você conseguiu e lembre-se: se o ciclo vacinal não estiver completo, em locais públicos mantenha seu filhote no colo; e, em casas de amigos e familiares, só permita a interação se os outros cães forem saudáveis e estiverem com as vacinas em dia.

Conhecer 14 sons diferentes

Ao conhecer 14 sons distintos, o filhote é exposto a uma diversidade de ruídos, o que pode ser essencial para o desenvolvimento de sua capacidade de adaptação. Esses sons podem incluir campainhas, telefones, apitos, buzinas, secadores, máquinas, automóveis, entre outros.

Essa ampla variedade de sons pode auxiliar na prevenção de comportamentos indesejados, como medo excessivo, agressividade e ansiedade.

Além disso, o contato com diferentes sons pode estimular o desenvolvimento cognitivo e emocional do filhote, ajudando-o a aprender a lidar com novas situações e a se adaptar a ambientes e pessoas diversas.

No entanto, é importante lembrar que a exposição aos diferentes sons deve ser feita gradualmente e de maneira segura, para evitar lesões ou traumas emocionais. É fundamental que o filhote esteja sempre acompanhado e sob supervisão durante o processo de socialização.

Em suma, conhecer 14 sons diferentes pode ser uma forma de auxiliar o filhote a se adaptar a uma variedade de ruídos, além de estimular seu desenvolvimento cognitivo e emocional. A socialização precoce e segura é crucial para garantir que o filhote se torne um animal feliz, saudável e bem-adaptado.

Secador de cabelo
Secador de pelos
Soprador
Máquina de tosa
Tesoura
Liquidificador
Máquina de secar roupa
Máquina de secar cães
Ônibus
Caminhões
Carros
Motos
Fogos de artifício
Trovões

Anote tudo a mais que você conseguiu e lembre-se: se o ciclo vacinal não estiver completo, em locais públicos mantenha seu filhote no colo; e, em casas de amigos e familiares, só permita a interação se os outros cães forem saudáveis e estiverem com as vacinas em dia.

Conhecer 11 objetos diferentes que se movem rapidamente

A socialização consiste em expor o filhote a uma diversidade de estímulos, experiências e objetos desde uma idade precoce, a fim de promover sua adaptação e familiarização com distintas situações e movimentos.

Ao conhecer 11 objetos diversos que se deslocam rapidamente, o filhote é exposto a uma variedade de movimentos, o que pode ser essencial para o desenvolvimento de sua capacidade de adaptação. Esses objetos podem englobar bolas, *frisbees*, carrinhos, bicicletas, entre outros. Essa ampla gama de objetos em movimento veloz pode auxiliar na prevenção de comportamentos indesejados, como medo excessivo, agressividade e ansiedade.

Além disso, o contato com diferentes objetos que se movem rapidamente pode estimular o desenvolvimento cognitivo e emocional do filhote, auxiliando-o a aprender a lidar com novas situações e a se adaptar a ambientes e pessoas diversas.

Contudo, é fundamental lembrar que a exposição a esses objetos deve ocorrer gradualmente e de forma segura, a fim de evitar lesões ou traumas emocionais. É essencial que o filhote esteja sempre acompanhado e sob supervisão durante o processo de socialização.

Em suma, conhecer 11 objetos distintos que se movem rapidamente pode ser uma maneira de auxiliar o filhote a se adaptar a uma variedade de movimentos, além de estimular seu desenvolvimento cognitivo e emocional. A socialização precoce e segura é fundamental para garantir que o filhote se torne um animal feliz, saudável e bem-adaptado.

Bicicletas
Motos
Carros
Patins
Skates
Laser
Aspirador robô
Patinetes
Ônibus

Caminhões
Bolinhas

Enfrentar 12 desafios diferentes

A socialização envolve expor o filhote a uma variedade de estímulos, experiências e desafios desde uma idade precoce, para que ele possa se adaptar.

Ao enfrentar 12 desafios diferentes, o filhote é exposto a distintos tipos de situações, o que pode ser fundamental para o desenvolvimento da sua capacidade de adaptação.

Além disso, enfrentar diferentes desafios pode ser uma forma de estimular o desenvolvimento cognitivo e emocional do filhote, ajudando-o a aprender a lidar com novas situações e a se adaptar a diferentes ambientes e pessoas.

É importante ressaltar que os desafios enfrentados pelo filhote devem ser adequados à sua idade e ao seu nível de desenvolvimento, para evitar lesões ou traumas emocionais. É importante que o filhote esteja sempre acompanhado e supervisionado durante o processo de socialização.

Subir escada
Descer escada
Passar numa ponte
Passar dentro de um túnel
Deixar-se ser escovado
Passar em cima de uma grelha de metal
Passar por cima de palha
Passar por um varal com brinquedos e objetos pendurados
Entrar numa caixinha de transporte
Cortar as unhas

Limpar os ouvidos
TABULEIROS Pet Games

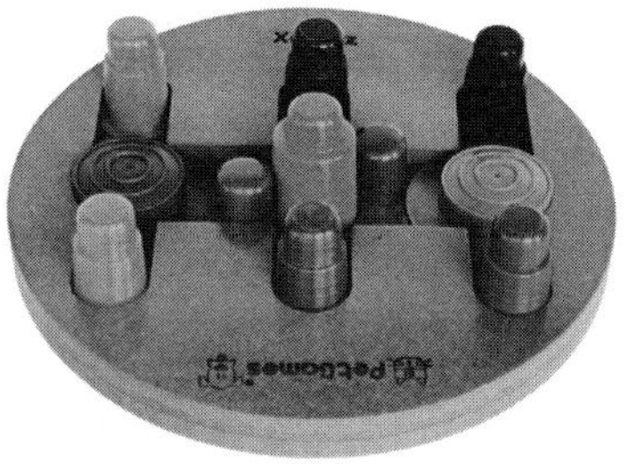

Comer em 12 recipientes diferentes

A nutrição é um aspecto essencial para a saúde e o bem-estar de um filhote, e alimentar-se a partir de 12 recipientes pode ser uma parte significativa do processo de socialização alimentar. A socialização alimentar consiste em expor o filhote a diferentes tipos de alimentos e recipientes desde cedo, para que ele possa se familiarizar com diversas texturas, sabores e formatos de comida.

Ao comer em 12 recipientes distintos, o filhote é exposto a tigelas, pratos e brinquedos específicos para alimentação. Isso pode auxiliar na prevenção de comportamentos indesejados, como a seletividade alimentar, e garantir que o filhote esteja receptivo a consumir alimentos com diferentes características de textura e sabor. Além disso, alimentar-se em recipientes variados pode ser uma forma de estimular o desenvolvimento cognitivo e emocional do filhote, auxiliando-o a aprender a lidar com novas situações.

Contudo, é importante lembrar que a alimentação do filhote deve ser adequada à sua idade e ao seu estágio de desenvolvimento, e os alimentos oferecidos devem ser seguros e saudáveis para ele. É fundamental também que o filhote seja supervisionado durante as refeições, a fim de evitar engasgos ou outros problemas de saúde.

PET BALL
Garrafa pet
Caixa de papelão
Comedouro de metal
PET FIT/DOG EAT
Comedouro de cerâmica
Espalhado pelo piso
Espalhado pelo gramado/jardim
Caixa de ovo
TAPET Natureza/TAPET Floral
Brinquedos recheáveis (MONSTRINHO e BONEQUINHA)
Comedouros com ranhuras (lentos – LABIRINTO/PET FIT)

Comer em 12 lugares diferentes

Conforme mencionado anteriormente, a alimentação desempenha um papel crucial na saúde e no bem-estar de um filhote. Introduzir o hábito de comer em diversos locais, cerca de 12 diferentes, pode ser uma etapa importante no processo de socialização alimentar. Isso envolve expor o filhote a uma variedade de ambientes e situações durante as refeições, com o objetivo de familiarizá-lo com diferentes cenários e condições.

Ao proporcionar ao filhote a experiência de se alimentar em 12 lugares distintos, ele terá contato com diversos ambientes e enfrentará diferentes situações. Isso pode incluir alimentar-se em diferentes cômodos da casa, áreas externas ou espaços com ruídos e estímulos variados. Essa prática pode auxiliar na prevenção de comportamentos indesejados, como seletividade alimentar ou ansiedade relacionada à alimentação, além de garantir que o filhote esteja disposto a comer em diversos lugares e condições.

Adicionalmente, alimentar-se em diferentes locais pode contribuir para o desenvolvimento cognitivo e emocional do filhote, estimulando-o a lidar com novas situações e adaptar-se a ambientes e condições diversas.

É importante salientar que a alimentação do filhote deve ser adequada à sua idade e ao seu estágio de desenvolvimento, e os alimentos oferecidos devem ser seguros e saudáveis para ele. Além disso, é fundamental supervisionar o filhote durante as refeições para evitar engasgos ou outros problemas de saúde.

Resumidamente, a prática de alimentar o filhote em 12 lugares diferentes auxilia em sua adaptação a diversos ambientes e condições durante as refeições, além de promover o seu desenvolvimento cognitivo e emocional.

A socialização alimentar precoce e segura é essencial para garantir que o filhote se torne um animal feliz, saudável e bem adaptado.

Quintal
Cozinha
Sala
Jardim
Praça
Carro
Casas de amigos
Clínica veterinária
Pet shop
Lavanderia
Garagem
Quarto

Brincar com pelo menos 12 filhotes e cães adultos diferentes

Brincar com pelo menos 12 filhotes e cães adultos diferentes pode ser uma parte importante do processo de socialização do filhote. Durante os primeiros meses de vida, o filhote está desenvolvendo habilidades sociais e emocionais que serão essenciais para a sua vida adulta. A interação com outros filhotes e cães adultos é uma parte importante do desenvolvimento social do filhote.

Ao brincar com outros filhotes e cães adultos, o filhote aprende a se comunicar com outros animais, a ler e interpretar sinais sociais e a desenvolver habilidades de jogos e brincadeira. Essas habilidades são essenciais para ajudar o filhote a se tornar um cão adulto bem-socializado, capaz de se relacionar de forma saudável com outros animais e com os seres humanos.

Além disso, brincar com outros cães pode ajudar a desenvolver a autoconfiança do filhote e a reduzir a ansiedade social. A interação com outros cães pode ser uma forma de liberar energia e reduzir o estresse, o que é particularmente importante para filhotes com muita energia.

No entanto, é importante lembrar que a interação com outros cães deve ser segura e supervisionada. O filhote deve ser apresentado a outros cães em um ambiente seguro e controlado, e as interações devem ser supervisionadas por um adulto responsável. Os cães com os quais o filhote interage devem ser saudáveis e socializados, e as interações devem ser interrompidas se um dos cães mostrar sinais de desconforto ou agressividade.

Em resumo, brincar com pelo menos 12 filhotes e cães adultos diferentes pode ser uma parte importante do processo de socialização do filhote, ajudando-o a desenvolver habilidades sociais e emocionais que serão essenciais para a sua vida adulta. A interação com outros cães deve ser segura e supervisionada, e os cães com os quais o filhote interage devem ser saudáveis e socializados.

Filhote porte mini
Filhote porte pequeno
Filhote porte médio
Filhote porte grande
Filhote porte gigante
Adulto macho porte mini (não castrado)
Adulto macho porte pequeno (não castrado)
Adulto macho porte médio (não castrado)
Adulto macho porte grande (não castrado)
Adulto macho porte gigante (não castrado)
Adulto macho porte mini (castrado)
Adulto macho porte pequeno (castrado)

Adulto macho porte médio (castrado)
Adulto macho porte grande (castrado)
Adulto macho porte gigante (castrado)
Adulto fêmea porte médio (não castrado)
Adulto fêmea porte grande (não castrado)
Adulto fêmea porte gigante (não castrado)
Adulto fêmea porte mini (castrado)
Adulto fêmea porte pequeno (castrado)
Adulto fêmea porte médio (castrado)
Adulto fêmea porte grande (castrado)
Adulto fêmea porte gigante (castrado)

Ficar sozinho pelo menos 12 vezes durante 5-60 minutos

Ficar sozinho pode ser uma parte importante do desenvolvimento do filhote, especialmente quando se trata de ensiná-lo a ser independente e a lidar com a separação dos tutores. Por isso, é recomendável que o filhote fique sozinho pelo menos 12 vezes durante 5 a 60 minutos cada vez.

A habilidade de ficar sozinho é importante para os cães, porque eles precisam aprender a lidar com a solidão e a independência. Caso contrário, podem se tornar muito dependentes dos tutores e desenvolver ansiedade de separação, que pode causar comportamentos destrutivos e até mesmo problemas de saúde.

No entanto, é importante que o filhote fique sozinho aos poucos. Comece com períodos curtos de tempo, como cinco minutos, e vá aumentando gradualmente o tempo que o filhote passa sozinho. Também é importante garantir que o ambiente seja seguro e confortável para ele, com água, brinquedos e um local para dormir.

Para ajudar o filhote a se sentir mais seguro e confortável durante esses períodos de separação, é recomendável criar uma rotina antes de sair de casa, como dar uma caminhada ou brincar com ele por um tempo. Além disso, é preciso oferecer brinquedos e jogos de enriquecimento ambiental para mantê-lo ocupado e distraído durante esse período de separação.

Em resumo, ficar sozinho pelo menos 12 vezes durante 5 a 60 minutos pode ajudar o filhote a desenvolver a habilidade de lidar com a separação dos tutores e a ser mais independente. É importante introduzir essa prática gradualmente para o filhote, garantir um ambiente seguro, confortável e oferecer distrações para tornar a experiência mais agradável para o animal.

Dia 1 - 5 minutos
Dia 2 - 10 minutos
Dia 3 - 15 minutos
Dia 4 - 20 minutos
Dia 5 - 25 minutos
Dia 6 - 30 minutos
Dia 7 - 35 minutos
Dia 8 - 40 minutos
Dia 9 - 45 minutos
Dia 10 - 50 minutos
Dia 11 - 55 minutos
Dia 12 - 60 minutos

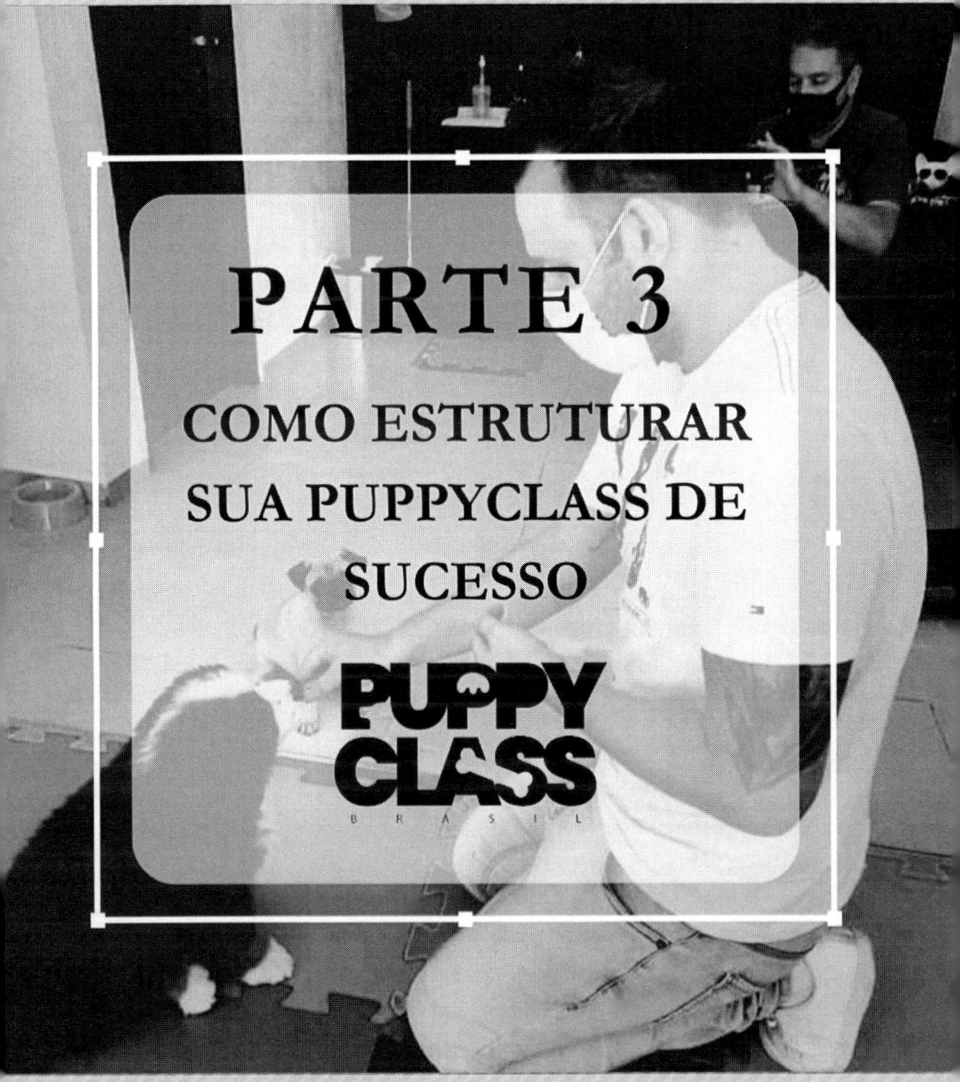

PARTE 3

COMO ESTRUTURAR SUA PUPPYCLASS DE SUCESSO

Capítulo 12.

Dez passos para estruturar uma *puppy class* de sucesso do zero

Neste capítulo, vou mostrar em dez passos simples como estruturar uma *puppy class* de sucesso do zero, com baixo investimento — modelo que utilizei ao montar minha *puppy class* em 2020 e ao estruturar outras pelo Brasil afora, desde 2017.

PASSO 1
Invista em conhecimento sobre filhotes

Investir em conhecimento sobre filhotes é fundamental para quem deseja ter sucesso ao lidar com animais. A falta de informação pode levar a erros na criação, sociabilização e educação dos filhotes, o que pode resultar em problemas comportamentais e de saúde no futuro.

Para evitar esses problemas, é importante estudar sobre as diferentes raças de cães, seus comportamentos e suas necessidades específicas. Além disso, é fundamental entender as fases de desenvolvimento do filhote, desde o período pré-natal até a idade juvenil. Isso inclui conhecimentos sobre a sociabilização primária e secundária, que são fases importantes para o desenvolvimento social dos filhotes.

Ao adquirir conhecimento sobre filhotes, é possível oferecer diversos serviços para esses animais, como *puppy class*, treinamento comportamental e cuidados veterinários. Além disso, é possível ajudar os clientes a sanar dúvidas e orientá-los sobre como lidar com seus filhotes da melhor forma possível.

Para se aprofundar no assunto, existem diversas fontes de informação, como livros especializados, artigos científicos e cursos. Alguns títulos recomendados: "O filhote perfeito", de Gwen Bailey; "Antes de ter seu cachorro" e "Agora que já tem o seu cachorro", de Ian Dunbar. Além disso, o e-book "Guia Prático - Prepare seu filhote para o mundo", de minha autoria, oferece um conteúdo completo sobre como preparar o filhote para a vida adulta.

Por fim, é importante ressaltar que adquirir conhecimento sobre filhotes não é apenas uma questão de sucesso profissional, mas também de responsabilidade social. Ao educar e cuidar bem dos filhotes, estamos contribuindo para o bem-estar animal e ajudando a construir uma sociedade mais consciente e respeitosa com os animais de estimação.

PASSO 2
Aprenda sobre conceitos de aprendizagem e técnicas

Para aplicar uma *puppy class* com sucesso, é importante aprender conceitos e técnicas de aprendizagem. Entre eles destacam-se o condicionamento clássico, o condicionamento operante, a habituação, a dessensibilização e o contra-condicionamento.

O condicionamento clássico é uma técnica que envolve associar um estímulo neutro a um estímulo que naturalmente produz uma resposta específica. Por exemplo, associar um sino ao ato de alimentar um cão para que, com o tempo, o som do sino passe a produzir uma resposta de excitação no animal.

O condicionamento operante, por sua vez, é uma técnica que envolve reforçar ou extinguir comportamentos através do uso de recompensas e punições. Por exemplo, recompensar um cão por se sentar quando lhe é dado o comando "senta", para incentivar a repetição do comportamento.

Reforço = aumentar a probabilidade de um comportamento se repetir.

Punição = diminuir a probabilidade de um comportamento se repetir.

Positivo = mais, soma, adição (+)

Negativo = retirar, subtrair (-)

Não pense em bom ou ruim.

Reforço positivo = adiciono algo ou alguma coisa para aumentar a probabilidade de um comportamento se repetir.

Reforço negativo = subtraio, retiro algo ou alguma coisa para aumentar a probabilidade de um comportamento se repetir.

Punição positiva = adiciono algo ou alguma coisa para diminuir a probabilidade de um comportamento se repetir.

Punição negativa = subtraio, retiro algo ou alguma coisa para diminuir a probabilidade de um comportamento se repetir.

A habituação é a capacidade de o animal se acostumar com estímulos repetidos. Por exemplo, expor um cão a barulhos altos de forma gradual para que ele se acostume com eles e deixe de ter medo.

A dessensibilização é uma técnica usada para ajudar um animal a superar um medo ou uma fobia através da exposição gradual e controlada ao estímulo que lhe causa medo. Usam-se recompensas de alto valor durante o processo — petiscos, patês etc.

Por fim, o contra-condicionamento é uma técnica que envolve a mudança da resposta emocional do animal a um estímulo. Por exemplo, associar um estímulo que causa medo a algo positivo, como um brinquedo, para que o animal passe a associar o estímulo negativo a algo positivo.

Ao aprender esses conceitos e essas técnicas, é possível aplicá-los de forma eficaz nas *puppy classes,* promovendo o bem-estar e a aprendizagem dos filhotes.

Existem diversas ferramentas, diversos produtos e equipamentos que podem ser utilizados nos processos de aprendizagem e no treinamento de filhotes. Alguns deles incluem:

Clicker: um dispositivo que emite um som para marcar o comportamento correto do animal, facilitando o treinamento por meio do reforço positivo.

Brinquedos interativos: oferecem desafios e estimulam o animal a utilizar suas habilidades mentais e físicas, ajudando na sociabilização e no desenvolvimento cognitivo.

Alimentos e petiscos: podem ser utilizados como recompensas para o comportamento correto, auxiliando no treinamento por reforço positivo.

Coleira e guia: utilizados para controlar o animal durante as aulas e em passeios, facilitando o treinamento de obediência e socialização.

Barreiras e obstáculos: usados para criar desafios e estimular o desenvolvimento físico e cognitivo do animal. Produtos para higiene e limpeza: para manter o ambiente limpo e saudável para o animal e os outros filhotes.

Câmeras de monitoramento: para que os tutores possam acompanhar as aulas remotamente e avaliar o progresso do animal.

É importante lembrar que o uso dessas ferramentas deve ser sempre feito com responsabilidade e de acordo com as recomendações dos fabricantes, garantindo a segurança e o bem-estar dos filhotes durante o processo de aprendizagem.

PASSO 3
Conheça seu mercado

Realizar uma pesquisa de mercado é essencial para saber se existem pessoas realizando atividades semelhantes à sua, como elas estão operando e quanto estão cobrando. Além disso, é importante investir em entender se as pessoas na sua região ou cidade estão familiarizadas com o seu negócio e se há interesse no que você está oferecendo.

Outro ponto crucial é ter um amplo conhecimento sobre o mercado pet nacional, incluindo tendências e números, e aplicá-lo em sua rotina diária. Dessa forma, você pode se destacar da concorrência e oferecer algo inovador e único.

Por exemplo, meu TCC de pós-graduação abordou o conhecimento de tutores e médicos- veterinários sobre o período de sociabilização e as *puppy classes*. Com base nesses dados, desde 2017, comecei a desenvolver meus próprios protocolos e a estruturar minha própria *puppy class*. No entanto, meu objetivo não era apenas sociabilizar filhotes e educar tutores, mas também disseminar *puppy classes* por todo o Brasil e capacitar outros profissionais para essa atividade.

Ações

Ligue e converse com médicos-veterinários, pergunte se realizam sessões de *puppy classes* e se as conhecem. Fale com adestradores e *pet shops*. Use a técnica do cliente oculto, onde você se passa por um possível cliente interessado nos serviços dessa pessoa, do *pet shop* ou da clínica.

Estude as redes sociais dos seus concorrentes, analise friamente os seguidores e as postagens. São nas redes sociais dos seus concorrentes que estão muitos de seus futuros clientes. Converse com criadores, mostre suas preocupações e ações, busque uma parceria para realizar uma socialização primária, já dentro do canil.

Seguem cinco dicas adicionais sobre a importância de conhecer as necessidades dos clientes, adaptar seus serviços a elas, ter um posicionamento claro no mercado e investir em marketing.

Melhor experiência do cliente: conhecer as necessidades dos seus clientes e adaptar seus serviços a elas são passos fundamentais para oferecer uma experiência excepcional para eles. Isso pode resultar em mais indicações e fidelização de clientes.

Diferenciar-se dos concorrentes: conhecer as necessidades dos clientes também ajuda a diferenciar-se dos concorrentes. Se você entender o que seus clientes estão procurando e adaptar seus serviços para atender a essas necessidades específicas, poderá se destacar e ser mais atraente para eles.

Mais efetividade: quando você conhece as necessidades dos seus clientes, pode oferecer serviços que são mais efetivos para eles. Por exemplo, se você sabe que muitos dos seus clientes têm animais de estimação idosos, pode oferecer serviços específicos para atender às necessidades desses animais.

Estabelecer um nicho de mercado: adaptar seus serviços às necessidades dos clientes pode ajudá-lo a estabelecer um nicho de mercado. Ao se especializar em atender a uma necessidade específica, você pode se tornar uma autoridade nesse assunto e atrair mais clientes que estão procurando por esse tipo de serviço.

Aumento na receita: ter um posicionamento claro no mercado e investir em marketing podem aumentar a visibilidade do seu negócio e atrair mais clientes. Isso pode resultar em um aumento na receita e no sucesso geral do seu negócio.

Em resumo, conhecer as necessidades dos clientes e adaptar seus serviços a elas, ter um posicionamento claro no mercado e investir em marketing são fundamentais para alcançar o sucesso em seu negócio e manter-se competitivo no mercado.

PASSO 4
Atue em conjunto com criadores e médicos-veterinários

Já abordamos em capítulos anteriores sobre a importância dos criadores e médicos- veterinários no processo de sociabilização de filhotes e como podemos atuar com eles.

Esses profissionais devem ser seu aliado na hora de recomendar sua *puppy class*, pois eles são os principais formadores de opinião.

Os clientes têm confiança na palavra desses profissionais, principalmente nos médicos- veterinários, que muitas vezes são consultados para aconselhar sobre questões relacionadas à saúde e ao bem-estar dos animais de estimação. Portanto, se um médico-veterinário, por falta de informação, não recomendar ao tutor que o filhote frequente sua *puppy class*, isso pode ter um impacto negativo no seu negócio e prejudicar a sua reputação.

Para evitar esse tipo de situação, é essencial educar esses profissionais sobre a importância das *puppy classes* na promoção da saúde comportamental dos filhotes. Desenvolver parcerias com criadores e médicos-veterinários pode ser uma estratégia eficaz para alcançar esse objetivo.

Lembre-se sempre de que a parceria é uma via de mão dupla, na qual ambos os lados têm a ganhar. Trabalhar em conjunto com criadores e médicos-veterinários pode ajudar a expandir seu negócio, aumentar a visibilidade da sua marca e melhorar a qualidade dos serviços prestados. Além disso, a promoção de um ambiente colaborativo e cooperativo é fundamental para o avanço do setor de pets, promovendo uma cultura de trabalho saudável e sustentável.

Eu mesmo até hoje faço parcerias com médicos-veterinários, para que eles recomendem minhas *puppy classes* ou para que eu ou alguém da minha equipe as promova nas clínicas. Quando iniciei o projeto com *puppy classes*, não tinha verba para montar uma estrutura própria, então fui atrás de médicos-veterinários que topassem a parceria.

PASSO 5
Recursos para montar uma *puppy class*

Montar uma sala de *puppy class* pode parecer uma tarefa complexa, mas, seguindo a estrutura mínima que descrevo abaixo, é possível oferecer um ambiente seguro e confortável para filhotes e tutores.

Foi com essa estrutura que montei minha própria sala, mas, como abordado anteriormente, você pode usar o espaço de uma clínica veterinária.

O primeiro item essencial é uma sala de 20 m^2, que pode ser alugada ou estabelecida em parceria com uma clínica veterinária ou um *pet shop*. É importante que o espaço seja amplo o suficiente para que os filhotes possam se movimentar com facilidade e explorar o ambiente.

Além disso, é necessário ter cadeiras, bancos ou pufes para que os tutores possam se acomodar durante as aulas. Para isso, podem ser adquiridos apenas alguns pufes, por exemplo.

Quanto aos equipamentos, é preciso ter um kit básico de pente, rasqueadeiras, um secador manual de cabelo, uma máquina de tosa ou máquina de barbear, que podem ser compartilhados com a clínica veterinária ou o *pet shop* parceiro. A caixinha de som e o aplicativo de sons diversos também são úteis para ajudar a treinar os filhotes e promover a socialização.

Outros itens importantes são o tapete higiênico, produtos de limpeza e um cercadinho para os filhotes. Os petiscos e alimentos úmidos são úteis para recompensar e incentivar os filhotes durante as atividades, enquanto o tapete de EVA é recomendado caso o piso seja escorregadio. Por fim, é essencial estabelecer um protocolo de higienização para manter o ambiente limpo e seguro para os filhotes. Com essa estrutura mínima, é possível montar uma sala de *puppy class* funcional e oferecer aos filhotes e seus tutores um ambiente adequado para promover o desenvolvimento saudável e a socialização dos filhotes.

Minha sala de 20 m²

Essa era a estrutura da minha sala: um banheiro, uma pia, uma mesa de escritório básica, uma cadeira, uma balança comum (não obrigatória), quatro m² de tapete EVA, quatro pufes, um ventilador de pedestal comum (o mais barato que encontrei), uma mesa de atendimento veterinário (não obrigatório), um kit básico de obstáculos de *agility indoor*, cascos e chifre e um brinquedo recheável, petiscos (mas geralmente pedia para os clientes levarem), porta- papel-toalha, um *mop* para limpeza do piso, uma vassoura, uma pá, um tambor para lixo orgânico, um tambor para lixo reciclável, um rodo, papel-toalha, dois porta-álcool em gel, dois tapetes para a entrada, removedor de odores enzimático, desinfetante, fungicida e bactericida com amônia quaternária, um secador comum de cabelo, uma máquina de acabamento de tosa e uns quadros.

PASSO 6
Elabore um plano de aula

Desenvolver um bom plano de aula é essencial para o sucesso de uma *puppy class.*

A *puppy class* é uma oportunidade única para os filhotes aprenderem habilidades sociais, comportamentais e de treinamento que serão cruciais para sua vida adulta. Um bom plano de aula é o que proporciona o direcionamento e a estrutura necessários para garantir que essas habilidades sejam ensinadas de forma eficaz e eficiente.

O primeiro passo para desenvolver um bom plano de aula é entender as necessidades dos filhotes em diferentes estágios de desenvolvimento. Cada filhote tem as próprias necessidades e seus desafios, por isso, é importante considerar a idade, raça, o temperamento e as habilidades individuais de cada um deles. Um bom plano de aula deve levar em conta essas características e adaptar as atividades para atender às necessidades específicas de cada filhote.

Outro ponto crucial é definir os objetivos de aprendizagem para cada aula. Isso significa identificar claramente as habilidades comportamentais e de treinamento que os filhotes devem aprender durante a aula. Por exemplo, um objetivo pode ser ensinar os filhotes a sentar e esperar antes de receber uma recompensa, ou a interagir de forma adequada com outros cães. Ao definir objetivos claros e específicos, é possível medir o progresso dos filhotes e garantir que eles estejam avançando de acordo com as expectativas.

Além disso, é importante planejar atividades práticas que ajudem os filhotes a aprender e praticar essas habilidades. Isso pode incluir jogos, treinamentos, brincadeiras em grupo, entre outras. As atividades devem ser planejadas de forma a promover a socialização, o aprendizado e a diversão dos filhotes. A diversão é especialmente importante, pois os filhotes têm a tendência de aprender melhor quando estão se divertindo.

Outro aspecto importante é avaliar o progresso dos filhotes. Um bom plano de aula deve incluir uma forma de avaliar o desempenho dos filhotes e fornecer *feedback* aos tutores. Isso pode ser feito por meio de observação direta durante as aulas ou por meio de avaliações escritas ou orais.

Em resumo, um bom plano de aula é essencial para uma *puppy class* bem-sucedida. Ele proporciona estrutura, direcionamento e atividades práticas necessárias para garantir que os filhotes aprendam habilidades comportamentais e de treinamento importantes para a vida adulta. Com um plano de aula bem elaborado, é possível garantir que os filhotes tenham uma experiência positiva e enriquecedora durante a *puppy class*.

Você pode se basear nos seis objetivos principais de uma *puppy class* para desenvolver um bom plano de aulas.

Para refrescar sua memória, seguem abaixo os seis principais objetivos de uma *puppy class*:

O primeiro objetivo é a exposição a seres humanos não familiares num ambiente amigável e seguro, fazendo associações positivas.

O segundo objetivo é a exposição a membros da mesma espécie e de espécies diferentes. Exemplo: podemos usar um gato adulto, calmo e amigável ou até um coelho que se sinta confortável junto de cães.

O terceiro objetivo é a exposição a vários objetos como metal, estetoscópios, triciclos, bicicletas, livros ou baldes. Aliás, de fato, os objetos utilizados não são muito importantes, com exceção daqueles usados frequentemente no ambiente do consultório, no banho e na tosa e, também, em nossas casas.

O quarto objetivo é a exposição a diversos novos estímulos (sons, odores e superfícies) sem os associar a experiências de dor ou outras consequências não prazerosas (COELHO, 2013). Sempre associar esses estímulos com coisas boas, comida, brincadeira, petiscos. Essa exposição pode diminuir a intensidade de resposta a novos estímulos no futuro.

O quinto objetivo é a educação do filhote; ensiná-lo a passear de forma tranquila, esperar, vir quando chamado, deixar-se ser escovado, fazer as necessidades no local correto, não destruir móveis e objetos inapropriados etc.

Por último — e tão importante como os outros cinco objetivos anteriores —, é a educação do tutor do filhote.

Elaborei um exemplo bem simples de um plano de aula para você começar a pensar e já colocar no papel o mais adequado para sua *puppy class*.

1ª aula (1h30min.) — sem o filhote; para tirar dúvidas gerais, falar sobre as necessidades básicas de um cachorro, comportamentos naturais, como se comunicam, indicar produtos, ensinar sobre xixi e cocô no lugar correto, mordidas, destruição de objetos etc.

2ª aula (45 minutos) — com os filhotes; você vai ensinar como fazer a interação saudável com outro filhote, pode expor os filhotes a sons diferentes, para habituá-los, enquanto estão interagindo.

3ª aula (45 minutos) — sessão para expor o filhote a cães adultos de diferentes portes.

4ª aula (45 minutos) — sessões para expor o filhote a pessoas e crianças, utilizando diversos objetos, como guarda-chuvas, capas, capacetes etc.

5ª aula (1h00) — sessão para simular o primeiro banho, som de secador, a escovação etc. E tirar dúvidas. Em cada aula você deixará uma lição de casa para seus clientes, para completar a socialização.

Lembre-se de que você pode utilizar também o *checklist* de socialização para estruturar suas aulas e deixar deveres de casa para seus clientes. Recomendo iniciar as aulas com esclarecimento de dúvidas da lição de casa e verificar o que foi realizado durante a semana.

PASSO 7
Elabore um plano de marketing

Para garantir o sucesso de uma empresa, independentemente do seu tamanho ou setor de atuação, é fundamental contar com um plano de marketing. Esse documento descreve as estratégias e ações a serem adotadas para alcançar os objetivos de marketing estabelecidos. O plano de marketing orienta e direciona as atividades de marketing, permitindo uma alocação eficiente dos recursos disponíveis, com o intuito de atingir as metas estabelecidas.

Uma das principais razões para a necessidade de um plano é a definição clara de metas. Sem elas, as atividades de marketing podem se tornar aleatórias e não alcançar o impacto desejado junto aos clientes. Um plano de marketing bem estruturado estabelece de forma específica os objetivos, prazos e as métricas para avaliar o sucesso das ações.

Além disso, o planejamento de marketing auxilia na identificação e no alcance efetivo do público-alvo da empresa. Conhecer esse público é essencial para o desenvolvimento de estratégias de marketing eficientes e relevantes. Por meio de um planejamento adequado, é possível definir o perfil do público-alvo, compreender suas necessidades e comportamentos de compra, e elaborar ações que atendam a essas demandas, estimulando assim a realização de compras.

Outro benefício importante é a definição do orçamento e dos recursos necessários para implementar as estratégias de marketing. Com um plano, é possível identificar os custos envolvidos em cada atividade de marketing e alocar os recursos de maneira eficiente.

Em resumo, a existência de um plano de marketing é crucial para o sucesso de qualquer empresa. Ele auxilia na definição clara de metas, na identificação do público-alvo, na alocação eficiente de recursos e na mensuração do êxito das atividades. Com um plano de marketing bem elaborado, a empresa tem maiores chances de alcançar seus objetivos e obter retorno sobre o investimento de forma mais eficiente.

Aqui estão algumas ideias que podem auxiliá-lo a alcançar seu público-alvo, as quais eu mesmo utilizo até hoje.

Identifique seu público-alvo: Quem são seus clientes ideais? São tutores de cães de estimação novos ou experientes? Eles estão interessados em treinamento de obediência, socialização ou treinamento avançado?

Crie uma persona: Com base nas informações coletadas sobre o seu público-alvo, crie uma persona fictícia que represente o seu cliente ideal. Dê-lhe nome, idade, *hobbies*, objetivos e desafios.

Defina os objetivos: O que você quer alcançar com o seu plano de marketing? Aumentar a conscientização sobre sua *puppy class*, aumentar o número de clientes ou aumentar a receita?

Desenvolva sua mensagem-chave: Crie uma mensagem simples, clara e atraente que resuma o que sua *puppy class* oferece e como ela pode ajudar os tutores de cães. Utilize essa mensagem em todas as suas ações de marketing.

Use as mídias sociais: Crie contas em todas as plataformas de mídia social relevantes e publique conteúdo regularmente. Compartilhe dicas de treinamento, fotos e depoimentos dos clientes satisfeitos. Use *hashtags* populares para atrair seguidores e gerar engajamento.

Ofereça uma aula experimental gratuita: Essa prática o ajudará a criar confiança e permite que os clientes experimentem sua *puppy class* antes de se comprometerem. Distribua panfletos: Imprima panfletos e distribua em locais frequentados por tutores de cães, como *pet shops*, parques e praças. Certifique-se de que seus panfletos incluam sua mensagem-chave e as informações de contato.

Forme parcerias: Entre em contato com *pet shops*, clínicas veterinárias e outras empresas relacionadas a animais de estimação para estabelecer parcerias. Ofereça descontos para seus clientes e, em troca, peça que eles indiquem sua *puppy class* para outras pessoas.

Solicite depoimentos: Peça a seus clientes para escrever depoimentos sobre sua *puppy class* e compartilhe-os em seu site e nas mídias sociais. Os depoimentos ajudam a aumentar a confiança dos clientes em sua empresa e incentivam outros clientes em potencial a experimentarem seus serviços.

Acompanhe seus resultados: Monitore suas métricas, como o número de seguidores nas mídias sociais, o número de clientes, a receita e as taxas de conversão. Use essas informações para ajustar suas estratégias de marketing e otimizar seus resultados.

Espero que essas dicas o ajudem a promover sua *puppy class*.

PASSO 8
Elabore um plano de vendas

Ter um plano de vendas eficiente é essencial para assegurar o sucesso da sua *puppy class*. Esse plano consiste em um conjunto de estratégias e táticas que têm como objetivo aumentar a receita da sua empresa e aprimorar o relacionamento com os clientes. É importante ressaltar que este deve ser elaborado em conjunto com o plano de marketing, pois ambos trabalham em sinergia para alcançar os objetivos da empresa. Afinal, de nada adianta ter uma excelente estratégia de marketing se, na hora de concretizar a venda, você não possui um processo bem definido e estruturado.

Aqui está um plano de vendas completo para sua *puppy class*:

Identifique as necessidades dos seus clientes: a primeira etapa do processo de vendas é entender o que seus clientes precisam e como sua *puppy class* pode ajudá-los. Realize pesquisas de mercado e converse com seus clientes para entender melhor suas necessidades.

Estabeleça metas de vendas: defina metas de vendas realistas com base em sua receita atual, no histórico de vendas e nas projeções futuras. Certifique-se de que essas metas estejam alinhadas com os objetivos do seu plano de marketing.

Desenvolva um plano de ação: com base nas informações coletadas nas etapas anteriores, desenvolva um plano de ação para alcançar suas metas de vendas. Esse plano deve incluir as estratégias que você usará para alcançar seus objetivos de vendas.

Capacite sua equipe: treine seu time de vendas para que ele possa entender as necessidades dos seus clientes e oferecer soluções adequadas. Certifique-se de que seus colaboradores estejam alinhados com sua mensagem-chave e que possam apresentar a *puppy class* de forma clara e atraente.

Fidelize seus clientes: fidelizar seus clientes é tão importante quanto conquistar novos. Ofereça um atendimento de qualidade, preze pela pontualidade e seja sempre transparente em suas comunicações. Ofereça descontos para clientes recorrentes e programas de fidelidade.

Estabeleça os seus objetivos de vendas: quanto você pretende vender em um determinado período? É importante estabelecer metas realistas e alcançáveis, para que você possa mensurar o sucesso das suas vendas.

Desenvolva uma abordagem de vendas: como você abordará os seus potenciais clientes? Que argumentos utilizará para convencê-los a comprar a sua *puppy class*? É importante ter uma abordagem clara e estruturada que possa ser replicada por toda a equipe de vendas.

Crie um processo de vendas: como será o processo de vendas da sua *puppy class*? Quais serão as etapas que o cliente percorrerá desde o primeiro contato até a finalização da compra? É importante ter um processo definido e bem estruturado, para garantir que as vendas sejam feitas de forma consistente.

Use tecnologia: utilize tecnologias para facilitar as vendas, como *softwares* de gestão de relacionamento com o cliente (CRM), ferramentas de automação de marketing e plataformas de vendas *on-line*. Isso pode ajudá-lo a otimizar seus processos de vendas e a aumentar a eficiência da sua equipe.

Estabeleça parcerias estratégicas: identifique empresas complementares à sua e estabeleça parcerias. Por exemplo, você pode oferecer descontos em sua *puppy class* para clientes de um *pet shop* parceiro e, em troca, ele pode indicar seus serviços para seus clientes.

Acompanhe seus resultados: monitore suas métricas, como o número de vendas, a receita e as taxas de conversão. Use essas informações para ajustar suas estratégias e otimizar seus resultados.

Seguindo esses passos, você poderá desenvolver um plano de vendas completo e eficiente para sua *puppy class*, que garantirá que os seus esforços de marketing sejam convertidos em vendas reais. Lembre-se sempre de estar aberto a ajustes e melhorias, para garantir que o seu plano de vendas esteja sempre alinhado com as necessidades do seu público-alvo.

PASSO 9
Saúde e segurança dos filhotes - protocolo sanitário de uma *puppy class* de sucesso

Para o sucesso da sua *puppy class,* você deve ter em mente que sem segurança sanitária ela não irá para frente; primeiro para você mostrar ao veterinário, nesse caso se você não for um, que segue normas rígidas de controle sanitário e higienização do local e exige também o atestado de saúde de um médico-veterinário para que o cliente matricule o filhote na *puppy class*. Com isso você ganha ainda mais credibilidade com os médicos-veterinários e clientes. Adotar boas práticas é essencial para a saúde do filhote e da população em geral, pois, doenças, parasitas e demais enfermidades podem comprometer todo um sistema de saúde.

Manejo Sanitário

O manejo sanitário visa a garantir práticas de alta qualidade para a saúde e o bem-estar dos animais. Assim, medidas como colocar em prática o calendário sanitário, realizar o controle de transmissão e de vermes, oferecer treinamento para a equipe e traçar estratégias de contenção de contaminação são de responsabilidade do médico-veterinário. A implementação de medidas preventivas e curativas de manejo sanitário, além de aumentar a segurança do local, assegura um manejo adequado dos filhotes, principalmente àqueles que ainda não terminaram o ciclo vacinal. Por isso, é importante que você tenha um profissional de confiança para guiá-lo nesse processo e garantir boas práticas para sua *puppy class* e seus filhotes.

Vou explicar esse tópico dividindo-o em seis passos, para você segui-los em sua *puppy class*.

Passo 1 – Exigir atestado de saúde e carteira de vacinação

Sabemos que o período de socialização se choca com o período de vacinação do filhote. Assim, para garantir que todos os animais que irão frequentar seu espaço são e estão saudáveis, mesmo sem o ciclo de vacinas completo, temos que exigir a carteira de vacinação e vermifugação de todos os filhotes e de outros animais que iremos inserir nas aulas. Além da carteira de vacinação, é obrigatório que todos tenham um atestado de saúde, de até sete dias. Com isso, reduzimos muito as chances de contaminação.

Carteira de vacinação de todos os animais que irão frequentar as aulas, até dos filhotes.

Atestado de saúde assinado pelo médico-veterinário de confiança.

Passo 2 - Higienização da sala e dos utensílios

A sala deve ser higienizada e desinfetada sempre antes e após uma sessão da *puppy class*. A desinfecção de ambientes é uma das principais medidas de prevenção da disseminação de doenças. O processo de desinfecção é a eliminação de formas vegetativas, existentes em superfícies inanimadas, mediante a aplicação de agentes químicos e/ou físicos. Trata-se de uma medida fundamental para a segurança do ser humano e dos animais. Existe uma classificação criada pela ANVISA (2002) que orienta a respeito dos riscos dos artigos utilizados em consultórios e clínicas.

O risco de contaminação dos filhotes é bem mais baixo, porém também é significativo.

Existem inúmeras zoonoses de grande importância que podem ser transmitidas no ambiente doméstico. Além disso, algumas doenças que não são zoonoses, mas que são graves para os animais, podem ser disseminadas. Como exemplo podemos citar a parvovirose, doença viral muito prevalente e com alta taxa de mortalidade. O parvovírus é extremamente resistente e pode ficar no ambiente por anos, caso não haja uma correta desinfecção de todos os locais que o animal acometido teve contato. Muitas vezes, o animal portador não está mais na residência há um bom tempo, mas quando a pessoa adquire outro cão, este é acometido pela mesma doença.

E qual solução/produto utilizar?

Qualquer desinfetante composto, um produto que contenha bactericida, fungicida e o quaternário de amônio em sua composição; sempre seguir as recomendações do fabricante.

Passo 3 - Como realizar a desinfecção

Antes de qualquer sessão em sua *puppy class*, realize a desinfecção de todo o piso, das mesas e dos utensílios.

Para o piso: primeiro devemos realizar a limpeza superficial, varrendo e passando um pano, com 500 ml de água + 300 ml de cloro ou água sanitária. Após seco, iremos utilizar o desinfetante composto. Você pode aplicar o produto utilizando um pano umedecido e passar por toda a sala.

Para utensílios: você deve utilizar um pano absorvente, do tipo "Perfex". Umedeça na solução e higienize todos os utensílios, as bolinhas, mesas, o tapete de EVA etc. Para pentes, rasqueadeiras, você pode colocar a solução dentro de um borrifador para aplicar nesses utensílios e deixar secar naturalmente. Apenas uma borrifada é suficiente.

Passo 4 - Após uma sessão

Obrigatoriamente, você deve fazer a limpeza e desinfecção entre uma sessão e outra de sua *puppy class* do piso, de utensílios, das mesas, cadeiras; tudo mesmo.

Passo 5 – Na entrada

Na entrada de sua *puppy class*, deverá manter dois tapetes — um molhado com a solução e um seco —, para que toda e qualquer pessoa que entre possa desinfetar a sola do sapato.

Outra prática recomendada é as pessoas lavarem as mãos com água e sabão e passar álcool em gel. Uma outra possibilidade para os calçados é utilizar o propé. As mãos evem ser higienizadas com álcool em gel.

Passo 6 – Lavagem semanal

Uma vez por semana é obrigatório realizar a lavagem com água corrente e sabão neutro de todo o piso do local.

1º - enxague bem o piso com água corrente;
2º - jogue o sabão neutro;
3º - esfregue o sabão por todo o piso;
4º- retire todo o sabão com água corrente;
5º - tire o excesso de água do piso utilizando um rodo;
6º- seque o piso com um pano limpo;
7º - passe a solução desinfetante por todo o piso;
8º- passe a solução desinfetante em todos os materiais e utensílios.

PASSO 10
Mão na massa

Depois de todo o conhecimento e planejamento proporcionados neste livro, você já deve estar preparado para abrir a sua primeira turma de *puppy class*. É importante lembrar que é preciso ter pelo menos dois filhotes matriculados e no máximo cinco, de acordo com o tamanho da sala e a raça dos filhotes.

Por exemplo, em uma sala de 20 m², é possível realizar turmas de até três filhotes de raças pequenas e médias. Se houver um filhote de raça grande na turma, o ideal é reduzir o número para apenas dois.

Antes de cada aula, é fundamental realizar todo o protocolo de higienização do ambiente e dos filhotes. Além disso, é imprescindível aceitar apenas filhotes que tenham pelo menos uma dose de vacina aplicada e um atestado de saúde do médico-veterinário.

Abrir uma *puppy class* pode ser uma ótima oportunidade para quem gosta de cachorros e deseja trabalhar com eles. Porém, é preciso lembrar que é necessário seguir todas as normas de segurança e higiene para garantir o bem-estar dos filhotes e demais alunos.

Ter um espaço adequado, equipamentos necessários e conhecimento na área de adestramento e comportamento animal são pontos fundamentais para o sucesso da *puppy class.*

Capítulo 13.

Plano de aula da sua *puppy class*

Ao longo de quase 10 anos de estudos, trabalhos individualizados com filhotes, sendo um dos pioneiros em estruturação e promoção de *puppy class*, com esse nome e formato, desenvolvi um protocolo sério, levando em conta a individualidade de cada filhote e o que realmente interessa nessa fase, que é a sociabilização, seja com sons, manejos veterinários e de banho e tosa, objetos, pessoas, outros cães, outros pets e não simplesmente aulas de obediência. Meu foco é realmente preparar filhotes para o mundo.

Mas esse protocolo é mutável, sempre podemos adicionar ou retirar exercícios para condizer com o grupo de filhotes que estamos trabalhando e principalmente a individualidade do filhote.

Ao chegar até aqui, você deve estar pronto para dar um passo a mais na preparação de f ilhotes para o mundo, e, para isso, vou disponibilizar também neste livro uma estrutura completa de aula que eu mesmo aplico nas minhas *puppy classes*. É um modelo para oito aulas, sendo uma aula por semana, com duração média de 60 minutos cada aula.

Seguindo esse protocolo, você não errará no trabalho com os filhotes e seus tutores.

Aula 1 – esta aula deverá ser feita sem a presença dos filhotes

Você, com toda a certeza, deve estar achando estranho e se perguntando por que essa aula deverá ser feita sem a presença do filhote.

Vamos lá:

1. Evitar que filhotes doentes entrem na sua *puppy*;
2. Explicar corretamente os protocolos de segurança e saúde aos tutores para que os animais possam participar da *puppy class*;
3. A maioria dos clientes chega com muitas dúvidas, principalmente do que podem e do que não podem fazer durante a janela de sociabilização.
4. Outros tantos chegam com dúvidas gerais de educação, mordidas, necessidades fisiológicas fora do lugar, destruição de objetos, choros etc.

Portanto, aproveite este momento para educar o seu cliente sobre os cães e tirar toda e qualquer dúvida. Utilize como base sobre os assuntos a serem abordados nesta primeira aula a minha obra "Livro do Filhote - Guia Prático - Para você preparar seu filhote para o mundo".

Duração total da aula 1h30; aproveite esse momento para realizar a matrícula dos participantes.

Aula 2 - inicia-se com os filhotes no colo, pois alguns não estarão habituados com o uso da coleira e guia.

Exercício 1 - Iniciamos o trabalho de dessensibilização ao uso da guia e coleira, conforme demonstrado. Duração: três sessões de cinco minutos de duração cada, com intervalos de dois minutos entre cada sessão.

Explicação sobre como fazer o processo de habituação e dessensibilização em casa, usando reforçadores positivos (5 minutos).

Exercício 2 - Habituação e exposição controlada a estímulos sonoros diversos — uso do aplicativo, sem usar caixa de som — cinco sessões de dois minutos cada, com intervalo de um minuto entre cada sessão. Final da aula para tirar dúvidas (10 minutos) — ensinar controle de mordidas + filhotes sem estímulos e no colo.

Duração total da aula = 60 minutos

Aula 3 - inicia-se com uma conversa para saber como foram as práticas em casa - Duração de 10 minutos

Exercício 1 - Dessensibilização ao toque — orelhas, patas, cauda, unhas — três séries de três minutos cada, com intervalo de um minuto.

Exercício 2 - Exposição controlada e habituação ao som do secador — três séries de um minuto cada, com intervalo de 20 segundos.

Exercício 3 - Dessensibilização à escovação de pelos — cinco séries de dois minutos cada, com intervalos de um minuto.

Final da aula – 10 a 15 minutos - ensinando a sentar. Tirar dúvidas e passar a lição de casa — cinco minutos.

Duração total da aula = 45 minutos

Aula 4 – inicia-se com uma conversa para saber como foram as práticas em casa - Duração de 10 minutos

Exercício 1 - Interação controlada dos filhotes — cinco sessões de três minutos, ou parar antes, se a interação estiver sem controle, intervalo de um minuto entre cada série.

Exercício 2 - Dessensibilização com o secador com o vento voltado para o filhote - 10 sessões de um minuto e intervalos de 30 segundos.

Final da aula - ensinar o espera + lição de casa e tirar dúvidas - 15 minutos.

Duração total da aula = 60 minutos

Aula 5 – inicia-se com uma conversa para saber como foram as práticas em casa - Duração de 10 minutos

Exercício 1 - Interação controlada dos filhotes — três séries de cinco minutos, ou parar antes, se a interação estiver sem controle, intervalo de um minuto entre cada série.

Exercício 2 - Socialização e interação com um cão adulto de porte pequeno — duas séries de cinco minutos, com intervalo de dois minutos, ou seja, retirar o cão adulto da sala durante o intervalo.

Exercício 3 - estímulos físicos e olfativos — obstáculos e cheiros diversos — duas séries de cinco minutos, com intervalos de um minuto.

Final da aula - Ensinar o "vir quando chamado" + lição de casa e tira dúvidas - 10 minutos

Duração total da aula = 60 minutos

Aula 6 – inicia-se com uma conversa para saber como foram as práticas em casa - Duração de 10 minutos

Exercício 1 - Interação controlada dos filhotes — quatro séries de cinco minutos, ou parar antes, se a interação estiver sem controle, intervalo de um minuto entre cada série. Durante a série ligar sons e fazer barulhos diversos.

Exercício 2 - Socialização e interação com um cão adulto de porte médio — duas séries de cinco minutos, com intervalo de dois minutos, ou seja, retirar o cão adulto da sala durante o intervalo.

Final da aula - ensinar "o deita" + lição de casa e tirar dúvidas - 15 minutos.

Duração total da aula = 60 minutos

Aula 7 – inicia-se com uma conversa para saber como foram as práticas em casa - Duração de 10 minutos

Exercício 1 - Dessensibilização com o secador com o vento voltado para o filhote e ser escovado — 10 sessões de um minuto e intervalos de 30 segundos.

Exercício 2 - Socialização e interação com um cão adulto de porte grande — duas séries de cinco minutos, com intervalo de dois minutos, ou seja, retirar o cão adulto da sala durante o intervalo.

Exercício 3 - Habituação e dessensibilização a sons e objetos diversos — uma série de cinco minutos.

Exercício 4 - Dessensibilização a toques — duas séries de um minuto cada e intervalo de 30 segundos. Final da aula - reforçar todos os comandos de obediência - 10 minutos.

Duração total da aula = 50 minutos

Aula 8 – Reforço

Resumo de tudo que foi passado durante as sete aulas, aula livre para interações, tirar dúvidas, reforçar alguma coisa.

Duração total da aula = 50 a 90 minutos.

Capítulo 14.

Investimentos, retorno financeiro e estratégias para o crescimento

Neste capítulo, vou compartilhar detalhes sobre o investimento inicial e as despesas envolvidas na montagem da minha *puppy class* em Bragança Paulista-SP. Além disso, abordarei os ganhos obtidos nos primeiros três meses do negócio, o tempo necessário para recuperar o capital investido e os ganhos mensais alcançados.

Preparando o espaço

Antes de abrir minha *puppy class*, realizei algumas melhorias no espaço para garantir um ambiente adequado e aconchegante para os filhotes e seus tutores. Comecei pintando as paredes com tinta de qualidade, utilizando massa corrida para corrigir imperfeições. Realizei o trabalho de pintura eu mesmo, resultando em um custo total de R$ 300,00. Essa economia na mão de obra me permitiu direcionar recursos para outras áreas importantes.

Além disso, adquiri alguns móveis e itens essenciais para o funcionamento da *puppy class*. Comprei uma balança para pesar os filhotes, uma mesa de atendimento para facilitar o contato com os tutores, uma mesa de escritório para tarefas administrativas, uma cadeira de escritório confortável, pufes para criar um ambiente agradável e tapetes de EVA para proporcionar segurança e conforto aos filhotes. Esses itens totalizaram um investimento de R$ 1.200,00.

Suprimentos e produtos

A higiene do espaço é fundamental para garantir a segurança e o bem-estar dos filhotes. Portanto, adquiri alguns produtos de limpeza, como vassoura, rodo, álcool em gel e propé, para manter a limpeza adequada do ambiente. Esses itens somaram um custo de R$ 100,00.

Investimento inicial: R$ 3.000,00 (estrutura, materiais, 1º aluguel, site, tráfego pago)

Custos mensais

Além do investimento inicial, há despesas mensais recorrentes a serem consideradas. O aluguel da sala de 20 m² onde está localizada a *puppy class* era de R$ 900,00 mensais. Essa sala oferecia espaço suficiente para acomodar as turmas de filhotes e permitia uma área de espera confortável para os clientes.

As despesas com água e luz totalizaram R$ 150,00 por mês, garantindo um ambiente adequado e confortável para os filhotes e seus tutores. Felizmente, a internet estava inclusa no aluguel da sala, eliminando esse custo adicional.

Custo fixo mensal: R$ 1.369,90

Estratégias de marketing

Investir em estratégias de marketing é essencial para atrair clientes para a *puppy class*. Optei por direcionar um mínimo de R$ 10,00 por dia em tráfego pago, utilizando plataformas como anúncios nas redes sociais e mecanismos de pesquisa, para alcançar potenciais clientes interessados nos serviços oferecidos. Esse investimento mensal de R$ 300,00 ajudou a aumentar a visibilidade da minha *puppy class* e atrair um número maior de clientes.

Além disso, criei uma *landing page* ou site utilizando o plano Wix, que tinha um custo de R$ 19,90 mensais, já incluindo o domínio. Optei por criar o site por conta própria para economizar nos custos com desenvolvimento. A *web page* fornecia informações sobre os serviços oferecidos, horários de aula, preços e uma forma de contato para os interessados. Essa presença *on-line* ajudou a promover a *puppy class* e a alcançar um público mais amplo.

Modelo de negócio e preços

Para definir o modelo de negócio, estabeleci um preço de R$ 300,00 por filhote para participar das *puppy classes*, depois de ter realizado uma pesquisa de mercado sobre quanto as pessoas estariam dispostas a pagar por esse serviço. Cada turma comportava de dois a quatro filhotes por horário, permitindo uma atenção personalizada e um ambiente seguro para aprendizado e socialização dos filhotes.

Ofereci horários de aula às 18h30 e 20h00, de segunda a quinta-feira, além de dois horários aos sábados, às 9h30 e 11h00. Essa variedade de horários permitia aos tutores dos filhotes escolherem a opção mais conveniente para eles.

Desempenho Financeiro nos primeiros três meses

Durante os primeiros três meses de negócio, a *puppy class* obteve um desempenho encorajador. No primeiro mês, fechei três turmas, o que totalizou uma receita de R$ 2.700,00. No segundo mês, expandi e consegui preencher quatro turmas, gerando uma receita de R$ 3.600,00. Já no terceiro mês, com o aumento da demanda, consegui fechar seis turmas, resultando em uma receita de R$ 5.400,00.

Recuperação do capital investido e ganhos mensais

A receita gerada nos primeiros três meses permitiu uma recuperação parcial do capital investido. Ao final do terceiro mês, a *puppy class* havia gerado uma receita acumulada de R$ 11.700,00. Levando em consideração os custos operacionais e os investimentos iniciais, foi possível cobrir essas despesas e começar a obter lucro.

A partir do sexto mês, a *puppy class* estava com todos os horários preenchidos, indicando um crescimento sólido e uma demanda constante pelos serviços oferecidos. Com base na capacidade das turmas e no preço de R$ 300,00 por filhote, a receita mensal atingiu aproximadamente R$ 7.200,00, o que resultou em um ganho mensal significativo para o negócio.

Resultados

Por meio de investimentos cuidadosos na infraestrutura, estratégias de marketing eficazes e um modelo de negócio bem estruturado, a *puppy class* obteve sucesso financeiro nos primeiros meses de operação. A recuperação do capital investido ocorreu em um período de três meses, e, a partir do sexto mês, o negócio estava gerando ganhos mensais sólidos.

Os rendimentos alcançados foram resultado de um planejamento minucioso, que abrangeu diversas áreas, como marketing, vendas, pesquisa de mercado e parcerias com médicos- veterinários. Vale ressaltar que enfrentei um desafio adicional ao inaugurar a *puppy class* durante a pandemia e lidar com uma segunda onda intensa, que resultou no fechamento temporário de todas as atividades. Diante dessa situação, encerrei as atividades nessa sala e busquei uma solução alternativa ao montar a *puppy class* em um espaço compartilhado com um parceiro.

É importante mencionar que os custos apresentados podem variar de acordo com a região, e os investimentos iniciais dependem das características da sala e das expectativas em relação à estrutura. No entanto, defendo a filosofia de "menos é mais" no que diz respeito a *puppy classes.* A sala não precisa ser exageradamente decorada com muitos enfeites e adereços, nem repleta de obstáculos, móveis e objetos. O importante é que seja um espaço funcional.

Minha estrutura ocupava apenas 20 m², ou até menos, e não era necessário um ambiente repleto de adornos. A simplicidade é fundamental. O foco principal deve estar na socialização adequada dos filhotes, proporcionando situações cotidianas que estejam alinhadas ao estilo de vida dos tutores e às situações rotineiras que os filhotes enfrentarão ao longo de suas vidas.

Dessa forma, é possível oferecer um ambiente confortável e seguro para os filhotes, sem a necessidade de excessos. A qualidade do serviço prestado e a experiência proporcionada aos filhotes e seus tutores são os elementos-chave para o sucesso da *puppy class.*

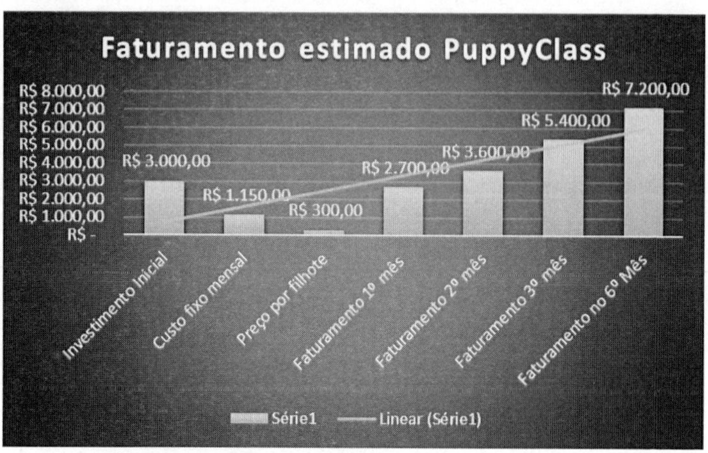

Faturamento PuppyClass 2021.

Conclusão

Estou feliz que tenha chegado até aqui, pois você faz parte de um grupo que está preocupado com o futuro dos filhotes e busca realmente fazer a diferença na vida deles e de seus tutores.

Agora, você já tem todas as ferramentas para ter uma *puppy class*, basta aplicar tudo o que foi ensinado, sem medo. São anos de experiência. Tudo que compartilhei com vocês é baseado em diversas pesquisas científicas, além da minha vivência prática — já apliquei *puppy classes* em salas de parceiros, montei do zero minha sala de *puppy class*, com recursos baixíssimos e escassos, mas a vontade de fazer diferente e fazer a diferença foram maiores.

Este livro é importante não só pela realização de um sonho de um dia ter contribuído ativamente para a popularização das *puppy classes* pelo Brasil, mas para todos os profissionais e estudantes que queiram se juntar a mim nessa missão de plantar uma semente em cada médico-veterinário, criador e pessoa.

Conte comigo para se capacitar ainda mais. Possuo treinamentos, cursos, assessorias e mentorias, que tenho certeza de que irão ajudá-lo ainda mais.

E, como bônus, estou disponibilizando o arquivo em PDF do *checklist* de sociabilização de filhotes, para você imprimir e anotar o que está sendo feito.

Só apontar a câmera para o QR-Code abaixo.

Um grande abraço.

Capítulo Bônus.

A Revolução Felina - A história e a importância das *kitten classes*

As *kitten classes* surgiram como uma abordagem inovadora no cuidado e na sociabilização de gatinhos, desempenhando um papel vital no desenvolvimento saudável desses adoráveis felinos. Com a compreensão de que as primeiras semanas de vida são cruciais para a formação do comportamento social e da personalidade dos gatos, um grupo de pioneiros se dedicou a criar um ambiente seguro e enriquecedor para esses filhotes em uma fase tão delicada.

Montando uma *kitten class*

Montar uma kitten class requer cuidado, dedicação e planejamento adequado. Aqui estão algumas diretrizes detalhadas para ajudá-lo a criar seu próprio ambiente de sociabilização para gatinhos.

Espaço adequado

Selecione uma sala espaçosa, bem iluminada e segura para abrigar os gatinhos. Certifique-se de que não haja objetos perigosos ou locais de fuga. A sala deve ter espaço suficiente para que os filhotes possam se movimentar livremente e explorar.

Estimulação sensorial

Disponha brinquedos e objetos estimulantes em diferentes áreas da sala. Arranhadores verticais, túneis de brincar, bolas coloridas, ratinhos de pelúcia e brinquedos suspensos são opções que promovem o desenvolvimento físico e mental dos gatinhos. Certifique-se de oferecer variedade, pois isso estimula a curiosidade e a exploração desses animais.

Áreas de descanso

Coloque tapetes macios e áreas de descanso confortáveis em diferentes locais da sala. Caminhas acolchoadas, caixas de papelão forradas com cobertores macios e prateleiras com almofadas são opções ideais para proporcionar momentos de descanso e tranquilidade aos filhotes.

Alimentação e higiene

Disponibilize tigelas de comida e água limpa e de fácil acesso. Certifique-se de ter caixas de areia adequadas para os filhotes fazerem suas necessidades com conforto e segurança. Troque a areia regularmente para mantê-la limpa e livre de odores desagradáveis.

Interação humana

Escolha voluntários dedicados e amorosos para interagir com os gatinhos. Eles devem acariciar suavemente os filhotes, estimulando uma atmosfera de segurança e confiança. Introduza diferentes texturas, cheiros e toques para familiarizá-los com estímulos variados.

Brincadeiras e integração

Promova a interação entre os gatinhos, permitindo que eles brinquem e compartilhem o espaço. Varinhas e brinquedos suspensos podem ser utilizados para estimular suas habilidades motoras e seus instintos de caça.

Registro e avaliação

Mantenha um registro de interações e progresso de cada gatinho. Isso ajudará a avaliar seu desenvolvimento e identificar possíveis áreas de melhoria. Observe atentamente o comportamento dos filhotes, registrando suas reações a diferentes estímulos e situações.

Com a aplicação cuidadosa dessas diretrizes, você estará proporcionando aos gatinhos uma experiência enriquecedora, preparando-os para se tornarem gatos sociáveis e amorosos.

Conclusão

As kitten classes revolucionaram a forma como os gatinhos são socializados e preparados para a vida em família.

Ao montar uma kitten class com base nas diretrizes apresentadas, você estará oferecendo aos gatinhos uma oportunidade única de desenvolvimento saudável e sociabilização. Seguindo essas orientações, você contribuirá para um futuro melhor desses filhotes, permitindo que eles se tornem gatos amorosos e sociáveis.

Lembre-se de que cada gatinho é único, e é fundamental observar e adaptar as atividades da kitten class para atender às necessidades individuais de cada filhote. Com dedicação, paciência e amor, você estará ajudando esses pequenos felinos a terem um começo de vida feliz e saudável, preparando-os para um futuro repleto de amor e cuidado.

Lembre-se, a dedicação e o amor investidos na criação de uma kitten class não só beneficiam os gatinhos individualmente, mas também ajudam a construir uma sociedade mais consciente e compassiva em relação aos animais. Com o seu empenho, você está fazendo a diferença na vida desses pequenos seres, proporcionando a eles a chance de um futuro feliz e cheio de amor.

Referências

ANDERSON, W. P. The benefits of pet ownership. **Medical Journal of Australia**, v. 164, n. 7, p. 441-442, 1996. Disponível em: https://www.ncbi.nlm.nih.gov/pubmed?term=%22Med+J+Aust%22[jour]. Acesso em: 22 maio 2023.

APPLEBY, D. L.; BRADSHAW, J. W. S.; CASEY, R. A. Relationship between aggressive and avoidance behaviour by dogs and their experience in the first six months of life. **Veterinary Record**, v. 150, n. 14, p. 434-438, Apr. 2002.

ARAI, S.; OHTANI, N.; OHTA, M. Importance of bringing dogs in contact with children during their socialization period for better behavior. **Journal of Veterinary Medical Science**, v. 73, n. 6, p. 747-752, 2011.

AUSTRALIAN COMPANION ANIMAL COUNCIL. **Power of Pets**. 2009. 2 p. Disponível em: www.gleneira.vic.gov.au/files/.../pets/powerofpets_2009_19.pdf. Acesso em: 22 maio 2023.

BAILEY, G. **O Filhote Perfeito**. [S. l]: CMS, 2012.

Battaglia, Carmen. (2008). Early neurological stimulation. Journal of Veterinary Behavior-clinical Applications and Research - J VET BEHAV-CLIN APPL RES. 3. 183-183. 10.1016/j.jveb.2007.12.006.

BATTAGLIA, C. L. Periods of Early Development and the Effects of Stimulation and Social Experiences in the Canine [Tradução do título: Períodos de desenvolvimento inicial e os efeitos da estimulação e experiências sociais no canino]. **Journal of Veterinary Behavior:** Clinical Applications and Research, v. 4, n. 5, p. 203-210, Sep./Oct. 2009.

BEAVER, B. V. **Feline behavior**: A Guide for Veterinarians. Philadelphia: Saunders, 1992.

BEAVER, B. V. Canine Social Behavior. *In*: BEAVER, B. V. **Canine Behavior:** Insights and Answers. 2nd ed. St. Louis: Saunders, 2009a. p. 133-189.

BURGHARDT JR., W. F. Behavioral medicine as a part of a comprehensive small animal medical program. **Veterinary Clinics of North America**: Small Animal, v. 21, n. 2, p. 343-352, Mar. 1991.

BRADSHAW, J. Normal feline behaviour: . . . and why problem behaviours develop. Journal of Feline Medicine and Surgery. 2018;20(5):411-421. doi:10.1177/1098612X18771203

CASEY, Rachel A.; LOTUS, Bethany; BOLSTER, Christine; RICHARDS, Gemma J.; BLACKWELL, Emily J. Human directed aggression in domestic dogs (Canis familiaris): Occurrence in different contexts and risk factors, **Applied Animal Behaviour Science**, v.152, 2014.

COELHO, I. I. N. **Programas de Socialização para Cachorros**: Uma Só Saúde. 2013. Dissertação (Mestrado em Medicina Veterinária) – Universidade De Trás-Os-Montes E Alto Douro, Vila Real, 2013.

CROWELL-DAVIS, S. L. Socialization Classes for Puppies and Kittens. **Compendium of Continuing Education for Veterinarians**, v. 29, p. 674-676, 2007.

DAY, M. J.; HORZINEK, M. C., SCHULTZ, R. D.; SQUIRES, R. A. Diretrizes para a vacinação de cães e gatos. **Journal of Small Animal Practice**, v. 57, p. 1-50, jan. 2016. Disponível em: https://wsava.org/wp-content/uploads/2020/01/WSAVA-vaccination-guidelines-2015-Portuguese.pdf. Acesso em: 19 abr. 2023.

FARACO, C. B.; SOARES, G. M. **Fundamentos do Comportamento Canino e Felino**. [S. l]: MedVet, 2013.

FATJÓ, J.; RUIZ-DE-LA-TORRE, J. L.; MANTECA, X. The epidemiology of behavioural problems in dogs and cats: A survey of veterinary practitioners. **Animal Welfare**, v. 15, n. 2, p. 179-185, 2006.

FOX, M. W.; STELZNER, D. Behavioural effects of differential early experience in the dog. **Animal Behavior**, v. 14, p. 273-281, 1966.

FRANK, D.; MINERO, M.; CANNAS, S.; PALESTRINI, C. Puppy behaviours when left home alone: A pilot study. **Applied Animal Behaviour Science**, v. 104, p. 61-70, 2007.

FREEDMAN, D. G.; KING, J. A.; ELLIOT, O. Critical Period in the Social Development of Dogs. **Science New Series**, v. 133, p. 1016-1017, 1961.

GAZZANO, A.; MARITI, C.; NOTARI, L.; SIGHIERI, C.; MCBRIDE, E. A. Effects of early gentling and early environment on emotional development of puppies [Tradução do título: Efeitos da suavização precoce e do ambiente inicial no desenvolvimento emocional de filhotes]. **Applied Animal Behaviour Science**, v. 110, n 3-4, p. 294-304, Apr. 2008.

HETTS, S.; CLARK, J. D.; CALPIN, J. P.; ARNOLD, C. E.; MATEO, J. M. Influence of housing conditions on beagle behaviour. **Applied Animal Behaviour Science**, v. 34, p. 155-197, 1992.

HOWELL, TJ; REI, T.; BENNETT, PC. Festas de filhotes e além: o papel das práticas de socialização em idades precoces no comportamento de cães adultos. **Vet Med (Auckl)**. 29; v. 6, p. 143-153, 2015. DOI: 10.2147/VMRR. S62081. PMID: 30101101; PMCID: PMC6067676.

KELLOGG, W. N; KELLOGG, L. A. **The Ape and the Child**: A Study of Environmental. Influence upon Early Behavior. [Tradução do título: O Macaco e a Criança: Um Estudo do Meio Ambiente. Influência sobre o Comportamento Precoce]. Nova Iorque: McGraw Hill, 1993.

KIM, Y. K.; LEE, S. S.; OH, S. I.; Kim J. S.; SUH, E. H.; HOUPT, K. A.; LEE, H. C.; LEE, H. J.; YEON, S. C. Behavioral reactivity of Jindo dogs socialized at an early age compared with non-socialized dogs. **Journal of Veterinary Medical Science**, v. 72, p. 405-410, 2010.

KUSTRITZ, M. V. R. History and Physical Examination of the Neonate. *In*: PETERSON, M. E.; KUTZLER, M. A. **Small Animal Pediatrics**: The First 12 Months of Life. St. Louis: Saunders, 2011. p. 20-27.

KUTSUMI, A.; NAGASAWA, M. Importance of Puppy Training for Future Behavior of the Dog 10.1292/jvms.12-0008. **Journal of Veterinary Medical Science**, v. 75, n. 2, sep. 2012. Disponível em: https://www.researchgate.net/publication/231224999. Acesso em: 22 maio 2023.

LANDSBERG, G.; HUNTHAUSEN, W.; ACKERMAN, L. **Behavior Problems of the Dog and Cat**. Oxford: Butterworth-Heinemann, 2003.

LANDSBERG, G.; HUNTHAUSEN, W.; ACKERMAN, L. **Problemas Comportamentais do Cão e do Gato**. 2. ed. São Paulo: Roca, 2004.

LUESCHER, A. U. Canine Behavioral Development. *In*: PETERSON, M. E.; KUTZLER, M. A. **Small Animal Pediatrics**: The First 12 Months of Life. St. Louis: Saunders, 2011. p. 97-103.

WARD, Mathew Roger. **Success of behavioral therapy and the effect of socialization on subsequent behavior in dogs**. Nova Zelândia: Massey University, 2003.

McEVOY, V.; ESPINOSA, U. B.; CRUMP, A.; ARNOTT, G. Canine Socialisation: A Narrative Systematic Review [Tradução do título: Socialização Canina: Uma Revisão Sistemática Narrativa]. **Animais**, v. 12, n. 21, p. 2895, 2022.

MORRILL, K.; HEKMAN, J.; LI, X.; McCLURE, J.; LOGAN, B.; GOODMAN, L. Ancestry-inclusive dog genomics challenges popular breed stereotypes. **Science**, v. 376, 2022. Disponível em: https://www.science.org. Acesso em: 19 abr. 2023.

MUGFORD, R. A. Dog Behavior: Development and Training. *In*: TREVOR, T. **Veterinary Notes for Dog Owners**. Southampton: Popular Dogs Publishing Co Lda, 1990. p. 55-62.

NATIONAL RESEARCH COUNCIL – NRC. **Nutrient requirements of Dogs and Cats**. Washington: National Academy Press, 2006.

OVERALL, K. L. Specialization and sensitive periods. *In*: Clin Behav Med Small Anim. St Louis: CV Mosby Co, 1997. p. 12-15.

PAGEAT, P. Comportamiento del perro. *In*: PAGEAT, P. **Patología del comportamiento del perro**. 2. ed. Barcelona: Pulso Ediciones, 2000. p. 16-40.

REIS, A. R.; AZEVEDO, M. S. de; SOUZA, M. A. de; ALVES, M. B.; IZQUIERDO, I.; CAMMRAROTA, M.; SILVEIRA, P. P.; LUCION, A. B. O manejo neonatal altera a estrutura do comportamento materno e afeta o vínculo mãe-filhote. **Behavioural Brain Research**, v. 265, p. 216-28. Acesso em: 15 maio 2014. DOI: 10.1016/j.bbr.2014.02.036.

SALMAN, M. D.; HUTCHINSON, J. M.; RUCH-GALLIE, R.; KOGAN, L. R. Behavioral Reasons for Relinquishment of Dogs and Cats to 12 Shelters. **Journal of Applied Animal Welfare Science**, v. 3, p. 93-106, 2000.

SCOTT, J. P. Critical Periods in the Development of Social Behavior in Puppies. **Psychosomatic Medicine**, v. 20, p. 42-54, 1958.

SCOTT, J. P.; ROSS, S.; FISCHER, A. E.; KING, D. K. The Effects of Early Enforced Weaning on Sucking Behavior of Puppies. **Journal of Genetic Psychology**, v. 95, p. 261-281, dec. 1959.

SERPELL, JAMES; DUFFY, DEBORAH; JAGOE, JOHN. (2016). Becoming a dog: Early experience and the development of behavior. 10.1017/9781139161800.006.

SCOTT, JP.; FULLER, JL. Dog behavior, the genetic basis. Chicago: University of Chicago Press, 1965, pp. 117-147.

SEKSEL, K. Preventing behavior problems in puppies and kittens,veterinary clinics of north america: small animal practice, v. 38, issue 5, 2008, p. 971-982.

SEKSEL, K.; MAZURSKI, EVALYNN J.; TAYLOR, ALAN. Puppy socialisation programs: short and long term behavioural effects, Applied Animal Behaviour Science, v. 62, Issue 4,1999, pp. 335-349.

SERPELL, JAMES; DUFFY, DEBORAH & JAGOE, JOHN. (2016). Becoming a dog: early experience and the development of behavior. 10.1017/9781139161800.006.

SERPELL, JAMES. **The Domestic Dog**: Its Evolution, Behavior and Interactions with People. Cambridge: Cambridge University Press, 1995. p. 79-102.

SILVA, D. P. da.Canis familiaris: Aspectos da Domesticação (Origem, Conceitos, Hipóteses). 2011. Monografia (Curso de Medicina Veterinária) – Faculdade de Agronomia e Veterinária, Universidade de Brasília, Brasília, 2011.

SOARES, G. M.; PEREIRA, J. T.; PAIXÃO, R. L. Estudo exploratório da síndrome de ansiedade de separação em cães de apartamento. **Ciência Rural**, Santa Maria, v. 40, n. 3, p. 548-553, mar. 2010.

STEPITA, M. E.; BAIN, M. J.; KASS, P. H. Frequency of CPV Infection in Vaccinated Puppies that Attended Puppy Socialization Classes. **Journal of the American Animal Hospital Association** (JAAHA), v. 49, p. 1-6, 2013.

VOLHARD, J.; VOLHARD, W. **Adestramento de Cães para Leigos**. [S. l]: Alta Books Editora, 2011.

ANEXO
Questionário

Para médicos-veterinários

Questão 1: Tem conhecimento sobre comportamento de cães?

Questão 2: Sabe o que é socialização primária?

Questão 3: Durante a consulta passa informações sobre comportamento e adestramento/comportamento?

Questão 4: Tem conhecimento sobre a importância da socialização primária na prevenção de comportamentos indesejados?

Questão 5: Com que idade indica iniciar um trabalho de adestramento e por quê?

Questão 6: Sabe o que é uma *puppy class*?

Questão 7: Quando um tutor o procura para resolver um problema comportamental do cão, como o orienta?

Questão 8: Entendeu todas as perguntas do questionário?

Para os tutores de cães

Questão 1: Qual a idade do seu cão quando chegou a sua casa?

Questão 2: Já teve experiência de ter outro cão em sua casa?

Questão 3: Sabe a idade ideal para se iniciar a educação de seu cão?

Questão 4: O médico-veterinário te passou informações sobre comportamento e adestramento?

Questão 5: Classifique a importância dos seguintes cuidados nos primeiros três meses de vida de um cachorro 0 (nada importante) para 7 (muito importante).

Questão 6: Com que idade um cachorro deve ser retirado da ninhada para ser entregue a uma família?

Questão 7: Você sabe o que é socialização primária e sua importância para o cão?

Questão 8: O que julga ser mais importante para a prevenção de problemas comportamentais?

Questão 9: Sabe o que é uma *puppy class*?

Questão 10: Entendeu claramente todas as perguntas deste questionário?

Contato com o autor

Email: joao.zoopet@outlook.com
Instagram: @puppyclassbrasil
WhatsApp: (11) 9.6606-1634
Site: www.puppyclassbrasil.com.br

Ícone editora

https://www.iconeeditora.com.br